聪明人都这样记笔记

霁色 ◎ 著

高效工作、学习和生活的
大脑思维整理术

内容提要

每一个正在学习、工作的人，都少不了跟笔记打交道。记了这么多年笔记，你确定自己真的了解它吗？为什么同样的内容，别人总记得比你少、比你快，而且效果还比你好呢？先别急着怀疑自己的智商，也许正是你的笔记拖了大脑的后腿。

在数字化办公的今天，将笔记记好已经不再是"纸上谈兵"的事，善于利用各类App来安排时间、记录工作，将传统的笔记法应用于互联网时代，你的笔记将会变得更加高效，记笔记也能成为一种令人享受的创作。想要了解这种创作吗？那就来开启数字化笔记整理的学习之旅吧！

图书在版编目(CIP)数据

聪明人都这样记笔记 / 霁色著. — 北京：北京大学出版社，2018.9
ISBN 978-7-301-29686-8

Ⅰ.①聪⋯ Ⅱ.①霁⋯ Ⅲ.①学习方法②工作方法 Ⅳ.①G791②B026

中国版本图书馆CIP数据核字(2018)第150335号

书　　　名	聪明人都这样记笔记 CONGMINGREN DOU ZHEYANG JI BIJI
著作责任者	霁色　著
责任编辑	吴晓月
标准书号	ISBN 978-7-301-29686-8
出版发行	北京大学出版社
地　　　址	北京市海淀区成府路205号　100871
网　　　址	http://www.pup.cn　新浪微博：@北京大学出版社
电子信箱	pup7@pup.cn
电　　　话	邮购部010-62752015　发行部010-62750672　编辑部010-62580653
印　刷　者	三河市博文印刷有限公司
经　销　者	新华书店
	880毫米×1230毫米　32开本　7印张　213千字 2018年9月第1版　2021年3月第4次印刷
印　　　数	7001—9000册
定　　　价	29.00元

未经许可，不得以任何方式复制或抄袭本书之部分或全部内容。
版权所有，侵权必究
举报电话：010-62752024　电子信箱：fd@pup.pku.edu.cn
图书如有印装质量问题，请与出版部联系，电话：010-62756370

序言 Preface

让笔记从纸上"走"出来

俗语云,"好记性不如烂笔头",对这句老生常谈的话,很多人嗤之以鼻。也许他们更愿意相信,是灵活的脑袋让他们获得了如今的成绩,而不是靠着一次次的记录。

毕竟,这是个讲究效率、推崇聪明人和精英的时代,谁还愿意耗费大量的时间在笔记上呢?那样未免显得有些太笨拙了。然而,抱有这样的想法真的是太令人遗憾了,因为这意味着他们可能错失了提升效率的机会。

会做笔记完全可以大幅度提升工作效率,让你的聪明上一个台阶。

1981年,美国心理学家巴纳特就做过这样的实验,他找了一群大学生一起学习某篇论文,让一组学生一边听一边做笔记,另一组听的时候看别人做好的笔记,还有一组单纯去听。等学生们学完之后,巴纳特开始检测他们的记忆效果。

显而易见,自己做笔记的同学记住的内容最多,看笔记的同学次之,只听而什么都不做的同学记住的东西最少。这验证了这个让无数人怀疑却又追捧的俗语——"好记性不如烂笔头"。

然而,仅仅记下来是不够的。对于追求高效学习、高效工作的我们来说，做笔记一定要发挥最大的效用，做到写同样的笔记，能起到别人2~3倍的效果，这才是我们所说的"聪明人"。所以，我们需要了解一些在记录过程中被忽略的小窍门，学习一些从未接触过的笔记技巧，通过这些符合大脑思维规律的技巧，让自己的笔记化身为超级笔记本，成为我们的脑外大脑，这才是高效时代的新笔记法。

同时，互联网的高渗透性让我们的学习、工作和生活几乎离不开网络。因此，让笔记从纸上"走"出来，走入互联网，成为电子化工作的一部分，也成为一种趋势。本书将做笔记的技巧与笔记软件结合起来，让读者不管是用笔记录，还是用自己的电脑乃至于手机记录，都能找到最适合自己、效率最高、最贴心的笔记记录法。

不是每个人都有机会拥有一个专属的秘书，可以随时提醒你几点钟该做什么了，将日程记录在手机上，让它自动提醒你，也许只是动动手指的事，却能让你体会到抛掉烦琐日程、解放大脑的感觉；也许你也懂得思维导图的妙用，但不是每个人都有足够的色彩审美、绘图能力和框架设计能力，只要寻找一个专门的思维导图软件，你也能将学习和工作中的大量信息以思维导图的模式和更简单的操作方法记录下来……

让笔记"走"出来，它会变得更加立体化、人性化，笔记不再只是纸面上的文字，更会成为你专属的"私人秘书"。掌握这样的笔记技巧，你的工作会变得前所未有的高效，你将成为最令人羡慕的高效能工作者！

目录 Contents

序言　让笔记从纸上"走"出来　// 001

上篇　笔记本里的秘密　// 001

第1章　关于记笔记这件小事　// 003

- ■ **案例**　为什么我的效率总比别人低？　// 003
  - 记笔记这件事，比你想象中重要多了　// 005
  - 善用笔记，可以让"1+1>2"　// 009
  - 你可能还没有找到正确的记录方法　// 013
  - 用思维导图捋顺思路　// 015
- ▼ **测一测**　看看你做笔记的小习惯　// 025

第2章　简洁高效的笔记入门　// 027

- ■ **案例**　"记笔记"三个字让我望而生畏　// 027
  - 记笔记首先要学会选择纸笔　// 030
  - 方格笔记本能够改变你的工作方法　// 034
  - 妙用颜色搭配法　// 038
  - 标注时间，笔记整理更高效　// 042

▼ 学一学 你的笔记本都有什么用途？ // 045

第3章 涂鸦式笔记法 // 048

■ **案例** 一份年薪百万的"简单"工作 // 048

怎样做好"视觉笔记" // 050

重点内容"画"出来 // 055

掌握好"空行大法"，涂鸦也能很有序 // 062

涂鸦笔记也要注意层次感 // 066

▼ **实战应用** 让你的会议视觉化 // 069

第4章 神奇的高效笔记法 // 073

■ **案例** 看看那些顶尖精英的笔记技巧 // 073

用好笔记本的"两页"法，让你的主题更明确 // 077

康奈尔笔记法的"黄金三分" // 081

四象限法，梳理一团乱麻的工作 // 085

五个"W"，在笔记中问问题 // 088

▼ **自我检查** 你真的用好"二、三、四、五"了吗？ // 092

第5章 高效能人士的计划制订法则 // 094

■ **案例** 会做计划的人才会成功 // 094

用工作模板做计划笔记 // 096

计划围绕问题来，会更节省时间 // 099

日程计划别忘留点"弹性时间" // 104

独特的日程安排法则，让你的时间安排更科学 // 107

▼ **自我检测** 在笔记中做工作计划的小窍门 // 111

下篇　笔记的实战演练　// 115

第6章　一团乱麻的时间安排，应该怎么改变　// 117

■ **现象**　没有目标的工作让我们焦虑　// 117

设定合理目标，努力才不会带来焦虑　// 119

合理的紧张感让你更加高效　// 121

明白轻重缓急，主要攻克重点　// 124

▼ App 方法 1　学会用 App 来管理日程　// 126

▼ App 方法 2　做好每日计划表，记得标注"行动等级"　// 133

▼ App 方法 3　用番茄工作法，学会给自己一点压力　// 139

第7章　善用笔记拯救工作效率低下的自己　// 145

■ **现象**　走入"记笔记＝浪费时间"的误区　// 145

提升用笔记收集信息的能力　// 147

升级记录方式，筛选不必要的工作　// 149

▼ App 方法 1　信息化记录法，让搜索、摘抄一键化　// 152

▼ App 方法 2　如何做到信息共享，分享彼此的记录　// 161

▼ App 方法 3　制作电子思维导图，捋顺思路很简单　// 165

第8章　信息时代，我们的工作也能电子化吗　// 172

■ **现象**　无纸化办公的风潮正在来袭　// 172

电子化的归档方式，管理更加简便　// 174

寻找好点子，让小信息发挥大效果　// 176

▼ App 方法 1　用软件进行档案整理的简单办法　// 179

▼ App 方法 2　善用备忘，随时记录零散信息　// 184

▼ App 方法 3　知识需要管理，建立合适的标签栏　// 190

第9章　用App也能安排学习与生活吗　// 195

■ 现象　工作时间之外，也需要"仪式感"　// 195

挤出时间海绵里的水　// 197

习惯性地整理你的生活　// 200

▼ App 方法 1　将收纳整理在笔记中　// 202

▼ App 方法 2　购物清单、饮食记录可以这么整理　// 207

▼ App 方法 3　随手记录你的旅行　// 212

上篇　笔记本里的秘密

第1章　关于记笔记这件小事
第2章　简洁高效的笔记入门
第3章　涂鸦式笔记法
第4章　神奇的高效笔记法
第5章　高效能人士的计划制订法则

第1章

关于记笔记这件小事

案例　为什么我的效率总比别人低？

在复杂的职场中，我们总会遭遇形形色色的问题，即便是他人眼中的幸运儿，也同样没有一帆风顺的人生。这就是残酷而公平的职场法则，抛弃一切外在因素，只有能力是真正属于自己前行的筹码。

效率绝对是能力最直观的一种表现。一个效率高的人也许能力不是很出众，但一定能游刃有余地完成本职工作；而一个能力强悍的职场达人必然拥有高效率。但现实情况是，太多人在"效率"的大门前徘徊，不管怎么改进都无法提高自己的效率。

"为什么我的效率总比别人低？"新人小K面临的这个问题也是许多人都无法避免的。

小K是名校毕业生，最初作为管培生进入一家大型企业，到现在已经有三年了。三年的时间，和小K同时起步的管培生们如今大多混到了区域经理的位置，是名副其实的中层管理，只有小K还是部门副职,而且总是与升职机会擦肩而过。究其原因,还是因为上司觉得小K工作起来太吃力了。

"你现在的工作效率太低了,只能应付这些工作量,升迁对你来说是巨大的压力,很难真正做好。"每当机会被别人抢走时,小K总能从上司口中听到这样的话。虽然他不想承认,但这就是事实。

小K在学生时代的好成绩也是靠着刻苦努力得来的,他常常要付出比别人多几倍的时间才能获得更好的成绩,关于"效率"这个词,他似乎从来没有真正认识过。进入工作状态后,他发现仅仅靠刻苦已经不足以让自己前进了,同等量的工作,还要高效高质完成才能让自己从容应对职场。

可小K觉得提高效率真的很难做到。每次做项目时,他的思路总是比别人来得慢一些,复杂的项目背景和要求常常会有一大摞资料,要想从中梳理出脉络,可真是难极了;要跟领导和客户汇报,做个PPT进行讲解与总结非常重要,可到底哪些才是重点内容、哪些才应该突出呢?搞不清楚这个问题,小K的汇报总是显得没有重点,自己就算工作出色也展现不出来;平时开会时,明明很想从会议中学些"干货",可是光忙着把大家的发言记下来了,回头一看,完全就是一头雾水、十分混乱,偶尔还会让他忽略重要的指示和任务……工作中的问题让他觉得适应职场是一件非常艰难的事,完成当前的工作已经够让他头疼了,更别说升迁了。

对于小K的这些问题,一个刚进公司一年却已经备受赏识、很快就要去总公司的后辈看不下去了,给他出了一个小主意:"前辈,提高效率可以从很多地方入手,比如重视你的工作笔记,进行有效率的总结和梳理,你会发现工作中的许多问题都能迎刃而解。"

"工作笔记?"小K还真有自己的工作笔记,事实上公司每个人都有，尤其是在培训期，记录笔记并互相交流还是他们的培训项目之一，但是小K觉得没什么用——他总担心自己漏下什么，所以事无巨细全都记录，他的笔记是最厚、最全的，却也是最没用的。

小K一直没有体会到工作笔记的好处，还以为都是形式主义，没想到这也能产生好的影响。

"当然了，工作笔记不是越厚越好，而是越精简越好，这样才能学会提炼内容啊！"后辈认真建议道，"你应该重视自己的文字整理和总结，不做好总结，怎么能学到东西，从而取得进步呢？"

小K恍然大悟，如果效率都是从自己过去毫不重视的这些习惯中逐渐提高的，那也难怪他的效率一直没法提升了。原来，记笔记也能成为一个高效工作的秘诀。

记笔记这件事，比你想象中重要多了

对许多人，尤其是从多年的学习阴影中解脱出来的人来说，记笔记这件事是独属于课堂的任务，跟职场的竞争一点边都不沾。但是，这种想法犯了经验主义错误。俗话说，"活到老学到老"，学业的结束绝不是学习的终点，在职场上要想有寸进，就得不断学习总结。既然如此，又怎么能少得了笔记呢？

记笔记这件事，比你想象得还要重要得多。

对待笔记的态度，在职场上多半有三种。

第一种是无所谓主义。有没有笔记无所谓，看不看笔记都不影响工作，因此也不愿意做笔记。这部分人没有真正掌握笔记本的用法，还按照在校学习时的观念来对待职场笔记，不懂得如何利用笔记来提高自身效率，自然也就可有可无。

第二种是形式主义。这类人很有整理信息的意识，一进入职场就准备了若干笔记本，论记笔记没人比他们更详尽、更有条理，他们甚至常常把笔记借给别人参考誊抄，可就是用不起来——他们从来不翻阅笔记。这部分人只是表面上理解了笔记的效用，但没有真正利用起来，记笔记只是在浪费时间而已。

第三种是实践主义。他们的笔记可能各具特色，有些甚至不过是便签上涂画的若干字符而已，但却能在关键时刻真正用起来。只有用起来的笔记才是职场上真正的高效笔记，我们要做的就是实践主义者。

若要真正实践起来，还需了解记笔记到底有哪些好处，明白了这些，也就知晓为何笔记的重要性远超想象了。

（1）**职场一样须学习，好记性不如烂笔头。**在职场难道就不需要接触新的信息了吗？不，每个新人在刚进入职场的时候，都会被残酷的现实好好教育一番，因为职场的千变万化实在是课本上难以详述的。在职场打拼的日子就是不断学习的过程，能学能用的人可以越做越好，其余的人只能原地踏步。

对于一些新知识、新经验，用纸笔记录下来远比用大脑过一遍更令人印象深刻。当我们在一个项目、一次会议中有了新的想法、获得了新的经验时，都可以记录在笔记本上，让大脑的信息处理过程可视化，这样能更好地进行思考和学习，将新知识融会贯通。即便以后忘记，也能通过翻阅这本"备用大脑"来找寻答案。

（2）**大量数据需整理，笔记可帮助总结。**在职场上待一天，就会接触一天新的信息，这些信息累积起来是否让大脑几乎要爆炸？不会整理，你的生活就只能被无用信息所充斥。我们每时每刻都需要进行信息筛选和整理，这其中70%都是无用信息，还有25%只能算作一时有用的信息,一旦项目结束、工作完成,这些信息一样要代谢掉。

因此,不断整理和总结,始终着眼于目前要用到的信息,可以让工作更加快速简单。此时,笔记能帮助我们整理并筛选庞大的信息流,一方面总结目前的工作,另一方面在不断整理中获得宝贵经验,这才是职场真正的财富。

就像案例中所说的,职场中的笔记不是越厚、越详尽越好,而是越精简越好。这种精简就是只记录那25%的可用信息,重点记录那5%的永久性信息,通过不断筛选,最终留下精华,整理出一本职场干货宝典。

会做笔记的人能够准确筛选必要信息,从繁杂的工作中迅速找到重点、抓住主干;不会做笔记的人就算记录几大本,注意的也只是那些细枝末节,反而使工作效率更低。

(3)**随时记录是一门学问**。在职场中,能够随时将听到的内容提炼出重点并记录下来,是一项非常重要的技能,我们能在这个过程中得到必要的锻炼。要做到这一点,耳聪目明是必需的,同时还得有极其专注的注意力,才能始终围绕着主题来思考,始终认真听取内容并整理总结。一个小小的记录过程,便囊括了"倾听——理解——总结——记录"等流程,因此,做好记录绝对是一门职场学问。

有了这个习惯,我们就能锻炼自己与他人交流时的理解力,迅速在交谈中找到关键词,让自己思路清晰,且能随时抓住过程中的线索和细节。有时,一个细节问题就能改变全局,所以拥有随时记录的习惯是非常锻炼人的。

那些习惯随时做笔记的人一般都很会"察言观色",他们能通过观察发言者的语言习惯或小动作、小表情明白当前的状况——到底是在进行休闲式的聊天,还是说到了重点,一旦对方出现了"重点要来了"的小信号，惯于做笔记的人就能立刻清醒，抓住将要谈论的重要信息。

（4）写下来的目标才更可能被实现。在我刚进入职场时，有一个前辈教我做"十年计划"，我的第一反应很简单——十年以后的事，谁知道啊！

说不定我会因为拆迁而成为富豪，走上躺赢人生了呢？所以我并不重视这件事。然而前辈却说："如果你不对自己的未来十年有个规划，很可能就浪费了这黄金十年。"

一个没有写出来的计划和目标，实现的可能性会小很多。

后来我明白了，目标和计划不在乎远近，有了它我们才有努力的意识；而没有这个目标，不能时时警醒自己，就很容易因为拖延症、懒惰和随遇而安，让自己离成功越来越远。

哪个人儿时不曾有过远大志向，之所以实现不了，多半是因为后来离目标越来越远了。所以，写下你的计划和目标，对于人生的意义许是无法估量的。

由此可见，笔记的重要性也的确远超我们的想象，它甚至在一些微小的方面不断左右着我们的人生。

做笔记的准备工作

做笔记虽然是件小事，但也得稍微进行一番准备。

首先，准备一些合适的工具，不管是做笔记的本子还是笔，其类型、易用程度都会影响做笔记的效果，进而影响笔记的利用效率。

其次，预先对要记录的内容进行阅读，这是最重要的准备工作。如果说做笔记是一个思考整理的过程，那么不提前了解、学习一下内容，思考就会变得滞涩，整理也将艰难很多。事先通读资料，可以对主题、重点都有直观的认识，也就更好记录了。对那些需要实时记录的会议、讲座等而言，这种准备工作更加重要。

最后，要有随时记录的意识。并不是必须要有一把椅子、一个工作台才能进行记录，做笔记是件随时都能进行的事，甚至在地铁里、飞机上、宾馆中都能记录重点问题，因此，随时记录很重要。不要等回到办公室再将大脑中的内容誊出来，相信我，你的脑子绝没有那么好用，肯定会遗漏些什么。

善用笔记，可以让"1+1>2"

在工作与学习时，善用笔记可以创造出更高效的成果。

如果说阅读和倾听产生的影响是"1"，做笔记相当于复习一遍，产生的影响也是"1"，那么将二者结合起来，就能有"1+1>2"的效果。当然，如果没有真正将笔记用起来，那就是耗费了双倍时间而做了同样多的内容。

所以，善用笔记是很重要的。用笔记将工作成果放大、工作时间缩减，在职场上，不论是升职还是加薪，工作笔记带来的益处都是显而易见的。

如何才是善用笔记呢？**首先，学会用笔记减少不必要的重复性工作。**当我们将经验记录在笔记上时，就意味着以后可以再次翻阅，直接从中得到宝贵的经验指引。

有些职场人士总觉得自己能力不足，连新人都能赶超自己，除了他人能力强悍之外，也有自己不善于积累经验的原因。按道理，在职场浸淫时间越长的人，就应该有越强的能力，如果做不到这一点，就说明在日常工作中没有整理总结、不断学习的意识。

在工作中，你是否常常遇到这样的问题。

"上次遇到这个问题时，我是怎么解决的呢？"

"这个案例曾经在讲座上听到过，当时是怎么处理的呢？"

"去年和客户签订合同时，我们都采取了什么办法说服对方呢？"

……

明明已经经历过的事，却完全忘记了总结和记录，当这件事情再次发生时，无法直接采取正确的应对方法，还要再次探索一番，这样的问题是不是经常出现？如果是，说明你一定没有养成在工作后用笔记总结记录的习惯。

如果能及时将自己的经验记录下来，让笔记成为大脑的备份，就不必担心遗忘等问题。这些"案例"都将成为实际操作过程中最宝贵的经验，在之后遇到同类问题时，可以准确地查阅，达到第一时间找到正确方案的目的。

只有这样，才能真正将经验转化为自身的财富，让自己每一年、每一月都有进步。这就是在不断地积累中提高工作效率的过程，不仅使我们避免了重复劳动，还能将效率越提越高。

善用笔记的另一个益处是，可以利用笔记来整理思路。在进行较大型的工作策划时，需要整理繁杂的资料并从中提取主题，然后围绕关键词来进行工作，这是很复杂的事。很多人往往不是没有想法，而是想法太多、太零碎、太杂乱，反而让自己思路不清晰。此时，可以利用笔记来梳理自己的思路，把想做的内容写下来，原本的单纯思考就变成了"可视化"的内容，而且在纸张上展示出的思路将更加清晰。

这种方式可以有效避免出现"钻牛角尖"等问题，也能让自己兼顾细节，避免出现令自己忽略的错误。最直观的体现就是思维导图，顾名思义，就是通过图画笔记的方式来引导思维，将复杂的脉络整理清楚，并更加快速地理解记忆。思维导图相当于升级版的"可视化"笔记，能够帮助我们更好地理顺自己的想法。

当思路被从脑海中引出来，直白地摊开在纸面上时，问题就更显而易见，也就更容易提出解决办法——没错，当你发现自己的大脑容量不那么足时，就得靠笔记本这个"备用大脑"来解决问题了。

除了用笔记本来整理思路，还可以用笔记来记录自己的工作进度。这样能让我们对工作进程的掌握更加确切，不至于出现因拖延症而导致工作迟迟不能按计划完成的问题。目前，拖延症是个困扰职场人士的典型难题，大多数人在掌控自己的工作节奏时，总是或多或少会出现一些"意外"。不管是客观因素的烦扰还是主观上的懒惰，无法按时完成任务大概是每个人都曾经遇到过的问题。

如果我们能够养成做笔记、做计划的习惯，就能对工作进度有更加直观的规划，可以更好地掌握自己的工作节奏。即便是一个有拖延症的人，当他把计划写下来的时候，也会有更大的决心和几率去按时完成；相反，如果只是在大脑中想一下今天要做的事，很多时候我们都会寻找其他理由来不断拖延。所以，对有职场拖延症的人来说，写下工作进度，明白还有多久就要到任务截止期，是让我们能按时完成工作的督促方法。时间久了，这一习惯不仅能提高自身效率，还能让我们学会见缝插针地安排时间，起到将海绵中的水全部挤出的作用。

让笔记在工作中发挥出"1+1>2"的效用，其本质意义就是学会利用笔记提高自己的工作效率。当你真正掌握了它的技巧，将笔记这个工具利用得淋漓尽致时，就会发现自己的效率已经在不知不觉中得到了提升，这就是记录的意义。

做工作计划的小技巧

许多人认为,做工作计划和日常记录只是一个简单的誊抄过程,不需要调用大脑。然而思考也是个必要的方面,一个做工作计划的小技巧是,当我们在对工作进行规划时,需要不断地问自己以下问题。

(1)计划能否再删减?其中有哪些事情是比较琐碎、既不紧急也不重要的?当某些计划项目被打上了这样的标签后,就可以考虑将它们暂时从日程当中删减掉了。

(2)应当如何安排手中的工作?紧急的和重要的工作应该如何取舍?一般情况下,我们都会先完成既紧急又重要的工作,然后尽早地完成紧急的工作,给重要的工作规划更多的时间。

(3)一个必要的工作流程能否再缩短?必须要耗费这么多的时间吗?当然,即便想缩短计划时间也必须满足一个前提——所留的时间是足够充分的,能够保证我们将计划任务按原定时间完成。如果你对自己的能力有所高估,留下的时间不足以完成你的计划,就会让这种日程形同虚设。短期来看,会打断我们完成计划的脚步,长期来看,会让我们对计划的重视程度不断降低,最终无法实现计划对我们的约束作用。

在制定工作日程的过程中,不断地进行思考并完善计划,其实就是在整理自己的生活和时间。理解这个问题并不难,但想要真正做到,并且将其做成一种习惯却很难。因此,必须要时刻在内心拷问自己这三个问题,在做计划时养成自觉思考的习惯,这样才能完全发挥工作计划的价值,在高效安排工作之余,对自己的工作有更深刻的理解。

你可能还没有找到正确的记录方法

不管做任何事，都有最适宜和最不适宜的方法，做笔记也是一样。我们要做的就是探索笔记记录过程中最适合我们的方法，即正确的记录方法。如果找到它，笔记就能真正成为辅助我们工作的重要工具，效率也会随之提高；如果找不到，我们就只能在错误的记录之路上越走越远，反而会浪费许多时间。

孔子之所以能够成为圣人与教育家，正是因为他懂得弟子三千，依旧要因材施教的道理。做笔记的方法也是如此，不要看到别人用着十分顺手便照抄照搬，殊不知世界上没有完全相似的两个人，别人用着好的未必就是适合自己的。如果因为不适应而无法坚持，再好的方法也无法发挥效果；相反，找到合适的记录方法，笔记之路才算走上了正途。

寻找最适合自己的笔记记录法，前提是先接触大量不同的笔记法。"大浪淘沙"是我们能在万千方法中找到适宜自己的那条路的唯一办法，只有先接触大量的笔记法，真正了解这个体系，明白笔记从哪些方面能帮助我们提高工作效率，才能根据自己的需求摸索出具有个人特色的记录法。

学习别人的笔记记录法，相当于在接触一个特殊的学习方法，这比只学习知识内容要有用得多。俗话说，"授人以鱼，不如授人以渔"，学习记录的方法就是在摸索着如何去自己钓鱼，而学习知识不过是一时所需罢了。

举个简单的例子，每当公务员考试结束时，各大培训机构都会邀请高分考生以培训讲师的身份回到机构，将他们的知识再传授给后辈们。按理说，高分的考生必然是有一定水准的，可即便他们的讲课能力很强,教出来的学生也很少有考高分的,难道是因为他们所学的知识不一样吗?并非如此,只是因为学习的过程不同,即便是相同的知识内容,也一样会有高低之分。

还有那些高考时蜂拥而来购买状元笔记的学生,难道他们看了状元写的笔记就能考出高分了?并非如此。没有一个真正优秀的学生是靠前人的笔记取得好成绩的,能够考出高分,不过是因为他们找到了属于自己的学习方法。

有些人的笔记看似潦草简单,却能够发挥巨大的效用;而有些人总是将笔记记得密密麻麻、十分全面,却依旧踏步不前。究其原因,不过是前者的笔记更适合自己,而后者还拘泥于形式罢了。

所以,不要总学习成功者的形式、总复制他人的道路,找到属于自己的记笔记方法才是最重要的。唯有实践才能帮助我们做到这一点。不断记录、探索、使用新的方法,才能通过对比得出自己的结论和认识。

仅仅学习不同的记录方法还不够,还需要学会因地制宜,绝不能照搬照抄。还是那句话,只有适合自己的才是最好的。

在我的办公室中有A君和B君两个新人,他们常常凑在一起讨论经验。A君的工作效率总是很高,他将自己的方法告诉了B君:"每天晚上睡觉前,我都会将一天的工作重新梳理一遍并记录在本子上,让自己的思路更加清晰。有时第二天起来一看,就能立刻想到新的解决办法,这对我来说非常有用。"

A君觉得这种每天做总结的方式很值得学习,就直接借鉴过来。然而他是个慢性子,动作本就不快,每天晚上还要耗费时间去整理当天的工作,常常拖到很晚才能睡。第二天早上头昏脑涨,别说想出新点子了,一天的工作都难以按时完成。还没坚持一周,B君就缴械投降了:"这个方法实在不适合我。"

没错,我们要的就是这句话。当找到适合自己的方法时,你会觉得效率逐渐提高,如有神助。若这方法不适合自己,强行挪用只会让你觉得更有压力。所以,学习别人的方法还不够,还要学会化为己用,绝不能照搬照抄,死板的学习方式不适合应用到职场中。灵活机变是我们在记录笔记时要坚持的态度。

笔记课堂 坚持10000张纸的记录法

麦肯锡公司曾经流传着一个著名的学习方法,那就是"10000张纸的记录法"。当我们在学习某种专业内容时,如果能坚持写下10000张笔记,就能真正将其融会贯通,成为内行中的内行了。然而,大部分人都做不到,甚至能写下1000张就不错了。

这个方法不过是"熟能生巧"的另一种诠释罢了,我们不必要求自己一定要写下10000张纸,但坚持做工作笔记却是必需的。只有不断进行笔记记录,才能真正将经验转化成文字,并更直观地被我们所吸收。当你有想放弃的冲动时,请务必想一想这个"10000张纸的记录法",即便不能做到,也不能差得太远,不是吗?

有兴趣的读者也可以给自己制订一个计划,完成这个目标,你就能真正熟谙职场了。

用思维导图捋顺思路

每一个关注高效工作的人可能都听说过"思维导图"。在不会用思维导图的人眼里,这看似是用幼稚的儿童画来演示工作,不仅浪费时间而且毫无用处——说不准还会暴露自己灵魂画手的本质。但在善用思维导图的人眼中，这是一种值得追捧的、足以改变思维习惯的高效模式。

为什么总有人无法参透思维导图的好处呢？很简单，他们没有真正地做好思维导图，反而弄巧成拙，给自己增添了许多麻烦。只有真正掌握了技巧的人，才能发挥出思维导图的正面效用。

做思维导图，最重要的是清晰的结构、简练的文字和丰富的色彩。它之所以优于简单的文字，让无数高效人士宁愿苦练笔下功夫，也要熟练操作，就是因为这种信息模式是大脑最容易接受的。图片式思维比文字式思维更加高效，大多数一目十行、过目不忘的"天才"都是采用图片式思维，堪称"一眼记一页"。而思维导图通过色彩丰富的图像可以更好地刺激大脑，将信息以图片形式传达到脑海中，从而促进记忆。越是结构清晰的图像就越容易被牢记，而且还能更好地梳理出文字的脉络，达到"快速记住、快速理解"的目的。而简练的文字可以保证我们不会因为接触太多烦琐的文字信息而将图片式记忆打破，有助于长期记忆。

所以，做不好思维导图的人往往就是没做好以上三点。有的人总结能力不强，导图里烦琐的文字一大堆，相当于照搬笔记内容，这样是很难记住的，还会让结构变得混乱；有的人用的色彩不够鲜明典型，甚至还显得很混乱，这在无形中降低了记忆效率；还有的人总结的思维导图结构不清晰，逻辑混乱或者没有将逻辑表现在图上，导图反而成了扰乱思维的罪魁祸首。

如果能将思维导图做好，那么在记忆、认识和理解那些复杂的信息时，就多了一个与自己心意相通的"小秘书"。思维导图的种类有很多，比如以下几种。

（1）**树状导图**。同一个主题如果包含大量复杂的内容，而内容之间的关系如同树杈一般，有多级分支，最终形成封闭的完整体系，就可以以树状思维导图来梳理，如下图所示。

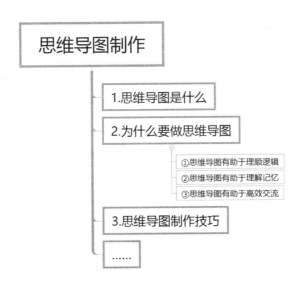

（2）**中心导图**。中心导图是最常用的一种，类似于树状图，但区别在于中心导图是所有分支围绕着一个主题，分支往往是为了解决主题问题并总结方法的，实践性更强；树状图的分支是从主干内容延伸出去的脉络，体现知识的体系性，多用于协助记忆，如下图所示。

（3）**逻辑导图**。逻辑导图，顾名思义就是捋顺你的逻辑思维。不要用任何条条框框去约束这类导图，而是要用你最喜欢的思维方式去诠释、记忆和规划它，如下页图所示。只有自己能最大限度地接受的导图，才是最好的逻辑导图。当然，如果你制作逻辑导图是为了向别人传达你的思维过程，还是要以简明清晰为要，不要过于天马行空，否则可能会违背制作逻辑导图的初衷。

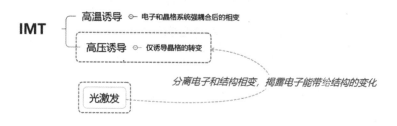

（4）**鱼骨导图**。对于有一定发展趋势的内容而言，推荐使用鱼骨导图。比如，在一个主题下可能并列有同一级别的分支信息，而这些信息自身还可以进行先后顺序的排列，如时间顺序、轻重缓急、逻辑顺序等，那就可以将主题信息写在"鱼头"这个地方，将分支信息画成一根根鱼骨，构造一幅"鱼骨导图"。如下图所示，鱼骨导图可以更好地体现同一级别信息之间的先后关系。

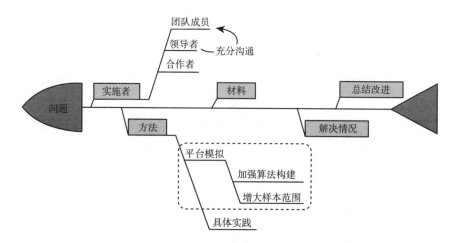

（5）**时间轴导图**。时间轴导图就是按照时间信息去排列整理一个主题的内容，是为了让我们的事务安排、内容学习与逻辑构造更清晰。日常工作安排可以用时间轴来体现，不仅逻辑严明，还不会遗漏内容；可以借助时间线来进行内容分析，这样能更好地发现其中的先后顺序和因果关系，并最终找到杂乱信息无法给予我们的"亮点"，如下图所示。

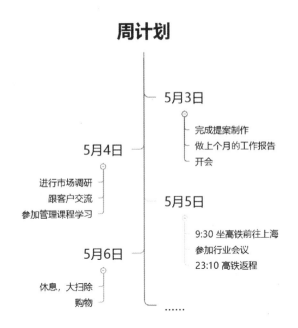

现在，就让我们通过已做好的某个思维导图来学习如何去做思维导图吧！下页的图片展示了一个交流活动的安排及其规章流程，通过思维导图的方式来传达，可以让参与者立刻领会其中的内涵与关键信息。

我们提供的思维导图是多层次的。最核心的是整个思维导图的主题。扩展的第一级分支是主题的每个部分的内容，然后从每个分支的关键字上进行延伸，反过来得到更详细的、更低层次的内容。通过这种显示方式，我们可以在不同层次上记住尽可能多的关键字，将颜色、绘图和信息连接在一起，最终组成大脑中牢不可破的记忆网络。这样，即使我们可能会忘记某些信息，但依然可以在想到颜色时联想到我们需要记住的信息。这样的结果不是比单纯的记忆和识别信息更有效吗？

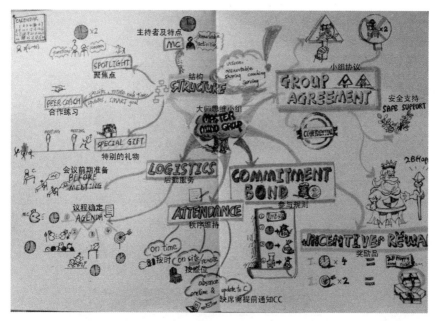

（1）首先，一定要注意强调主题信息。如下页图所示，主题信息最好用简单的几个词汇来描述，不要用太多字眼，这一点在其他信息的记录上也是一样的。在勾画主题的时候可以显眼一些，或者占用的面积大一些。想一想报纸上的新闻开头和其他内容的字号差异，你就应该明白主题的重要性。

（2）列出几个主要的一级信息，然后分别从一级信息向下面的分支过渡。如下图所示，当我们在填充一级信息"结构"下的信息时，就要专注于这个分支，先不要去关注其他的一级信息。将这个分支全部填满之后，再进行下面的工作。这样我们的思路就可以更加清晰，不会轻易落下分支的细节，也能起到更好的辅助记忆的作用。

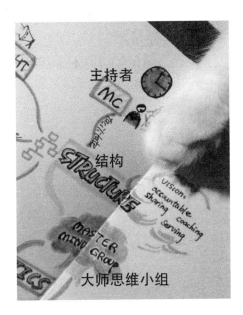

（3）接下来还可以根据自己的需要，将二级信息下的三级信息和四级信息等一一扩充出来，这样的思维导图可以展现一个非常复杂的体系脉络，而我们可以通过这种总结式的一体化导图从全局进行观察，并找到自己想要的信息，如下图所示。这能启发我们去发现一些单纯思索某个点所发现不了的内容。

（4）通过形象而生动的某些简笔画、符号或者图案来诠释思维导图，这样可以帮助记忆，还可以将文字转化为图片，让别人更好地理解你想要表述的内容，如下页图所示。

（5）注意，在制作思维导图时，所有的文字信息都要保证横排竖写，这样符合我们的阅读习惯，能让我们在阅读理解的过程中毫无滞涩感。有些人因为脉络图的分支是纵向的，所以就将内容竖排写在旁边，以为这样更好看，其实这会让我们阅读起来有障碍，所以在此并不推荐。

思维导图的用途是什么？首先是帮助我们记住一些信息。无论是详细的项目内容还是一些系统知识，都可以通过绘制思维导图来快速记住它们。通过这种方式，只要回想起低级别标题的主题，就可以回想起一切。其次是帮助我们做一些创造性的工作。因为我们在绘制工作主题的思维导图时，可能会找出在思维框架中比较边缘的方法和信息，激发新的想法。思维导图在会议、演讲和其他场合中也很常见。比如，某个会议围绕思维导图的主题展开，其过程就是按照思维导图的主要内容展开的，从而使会议内容更加清晰。演讲场合也是如此。

此外，思维导图还经常用于学习、记日记、目标安排及录音笔记等。它的用处非常广泛，相信每个人都可以学会思维导图并在工作中用到它！

巧用思维导图来开会

你可能无法想象，思维导图如何在会议中发挥作用。然而，这已经成了国际上的一种流行做法。我第一次接触思维导图会议模式是在美商交流会上，主办方专门请来两位制作思维导图的专业人士，会议一边开展，他们就一边画出脉络复杂但又生动简明的思维导图，用大量有趣的符号和图像来展现内容。最后，一次长达三小时的回忆就凝聚在了一块白板之上，令人一见难忘。我发现，一次快节奏、大信息量的会议很需要思维导图的帮助。

（1）传达信息型的会议需要主持者来绘制思维导图，或者找一个人专门绘制。大量的信息往往很难系统地、全面地在会议中传达给参与者，即便他们一直在记录，也很容易因为时间不足、记录潦草而遗漏信息，或者因为内容记录混乱而忽略重点，无法快速理顺逻辑。但通过思维导图，参与者可以瞬间理解会议传达的信息。

（2）交流型的会议可以在同一主题下让每个参与者都做出自己的思维导图。这样在交流过程中，他们就能更高效地展示并阐述自己的观点。交流完毕，融合各种观点，制作一个最终的、全面的思维导图。交流的过程基本上就是制作思维导图的过程。最好由专人来总结，这样才能做到整体有序，从而避免出现遗漏或者重复的情况。

看看你做笔记的小习惯

仅仅是记笔记就可以提高工作效率吗？不，不要陷入这种误解，要知道，一个好的方法可以帮你提高效率，这就意味着一个错误的方法会给你带来很多麻烦，任何事物都是有正反面的。所以，如果不提早培养好的习惯，随便记笔记只会让你越来越厌倦写作，哪怕你更加努力地工作，也很难提高效率。

我曾经有一位工作非常勤恳的同事，听说他在学生时期就是有名的"拼命三郎"。但令人疑惑的是，他的工作效率并不是很高，哪怕每天花费的时间是别人的1.5倍，也只是刚刚比别人多做了一点点而已。

为什么会这样呢？我发现是因为他不会抓重点。比如开会的时候，我会根据会议的进展和内容的主次来进行会议记录，最终呈现的就是如同目录、摘要一样简明的会议脉络内容。这样做不仅主次分明，而且不会遗漏重点，最重要的是不会太耗费精力，我还可以思考。

但这位同事不一样，看过一次他的会议记录之后，我就对他的记录速度肃然起敬——他能将会议内容全部记录下来，甚至连主持人插科打诨的话也一笔带过地写下。这哪是笔记本，完全就是会议录音机啊！这样做的结果是，他不仅劳累，而且找不到内容的重点，更失去了自己思考的时间，其实是事倍功半的。

所以，我们应该审视一下自己工作的小习惯，有时一个记笔记的习惯也会导致你比别人花更多的时间却得到更少的回报。

不妨问一下自己是否有下面这些小习惯。

（1）你的笔记是不是总十分潦草，所以显得很凌乱？

（2）你有没有过辨认不出自己写的笔记内容的经历？

（3）你的笔记本是不是尺寸很小，甚至于小于A6纸张的大小？

（4）你的笔记是不是行距很近，显得密密麻麻？

（5）你的笔记内容颜色丰富吗？是单一色彩还是五颜六色、看起来十分斑斓？

如果有上面这些习惯，你也许应该注意一下记笔记的细节了。最好的笔记内容呈现出的效果应该满足下面这些条件。

（1）文字清晰、笔记干净整洁，保证自己和别人都能看懂。

（2）笔记本大小合适，一般在A4以下的笔记本越大越好，这样才能将系统的内容记录在一张纸上，达成"一眼呈现"的效果，更有整体性。

（3）行距适当，千万不要将内容写得密密麻麻，每行笔记之间要有一定的空隙，这样才能让我们的阅读更舒适。

（4）颜色控制得当，单一色彩会让人产生视觉疲劳，也不利于标注重点；但色彩斑斓会让大脑变得混乱，很难接收信息。

做到这些，才能养成一个良好的记笔记的习惯。赶紧改掉那些记笔记时的坏毛病，顺便提升你的个人能力吧！

第 2 章

简洁高效的笔记入门

案例 "记笔记"三个字让我望而生畏

在我眼中,记笔记是一件非常享受的事情。将自己的工作内容用笔整理下来,最终得到一份整洁、有条理、色彩合宜的笔记,并逐渐积累成一本,就像给思维做了一个"SPA",能让大脑豁然开朗,又能给自己带来成就感。而之后的时时翻阅,每一次都让我感到这本笔记没有白做、工夫没有白费。

但对有的人来说,记笔记似乎成了他们的难关,比如我认识的小L,一听到"记笔记"三个字,就愁得直皱眉头。

小L的上司是我的朋友,我们都相信做好笔记可以让工作更高效。所以上司对团队中的成员有一条要求——每个月的总结会议上,都要带着自己的工作笔记,根据记录来汇报工作。

大多数人都完成得不错,不仅在总结会议上有话可说,而且也养成了整理的习惯,都觉得受益良多。但小L不一样,每到这时候他都会非常崩溃，往往要加班去做一份会议笔记来应付，根本不是日常的工作记录。

为什么会这样呢？小L说："因为我的字写得太潦草了，每次做完的笔记自己都看不懂，根本起不到回顾的作用，更别说让我对照着这个来做工作报告了，我都不知道自己写了什么！"

听到这个理由，我实在是哭笑不得。打开小L的笔记，发现确实如此，但他工作中的字分明不是这样的，虽然幼稚了些，却还是能看懂的。

"记笔记是给自己看的，工作的时候写字是给别人看的，当然要求不一样。而且记笔记字那么多，写着写着就潦草了。"小L说。

"那你为什么不练练字或者认真对待笔记呢？你可以少写一点内容，只要写出关键信息，一样可以起到用笔记梳理工作的作用。再不行，你还可以做电子笔记，用软件来记录你的工作呀！"我觉得小L大概是陷入了对笔记的反感误区，所以压根不愿尝试，就将其当作了一种负担。

听到我的话，他愣住了，喃喃道："我这不是没想那么多嘛，就是普通的笔记而已，不写又不耽误我工作……"

真的如此吗？未必吧，至少小L的上司已经多次说过了，他的思路不够清晰，经常忽略很多工作细节，事后才想起来弥补，导致工作错漏百出。这一点完全可以通过记录来弥补，仅靠自己的大脑有时未必可靠。

而小L产生这种抗拒心理的原因很简单，因为他记笔记的态度和方法是不对的，而这种错误令他吃了不少苦头，导致他对"记笔记"这件事产生了负面的感受。事实上，只要肯换一下自己的笔记方法，他是能尝到甜头的。

只要能意识到自己的有些习惯是错误的，那任何时候改正都不算晚。相反，如果越是觉得太晚了改不过来，那么记笔记的不良习惯影响你的时间就越长。

许多人记笔记的技巧非常简单，就是学生时期的"复制"精神，照搬照抄而已。这不仅是学习能力低下的表现，还表达了一种消极的态度——如果你足够积极，为什么不提高自己？为什么这么久还保持着旧的习惯不改进？

一旦你习惯了，你的个人能力就很难提高，还会为自己的错误付出代价。从我们所说的记笔记的错误方式中，你可以看到自己的哪些态度出了问题。

当你选择把笔记记得"脏乱差"，那么你已经暴露了你在工作上缺乏热情。仔细想想，你曾经是一名学生时，是否在对待不喜欢的科目时格外敷衍？是否总是随便写一写笔记？你的热情完全体现在你的笔下，如果总是把笔记记得很乱，给自己负面暗示，你的工作热情也会越来越少。

如果你习惯于使用一个小笔记本，也许你的逻辑思维能力会下降。因为小笔记本同时展现的内容有限，很难发挥大脑的联想和延伸思考能力。一旦问题复杂化，内容全部放在一张更大的纸上，你就无能为力了。

我们的一些小习惯其实并非无伤大雅的，时间久了会让人产生倦怠感，自然也会错失通过笔记来提升效率的机会。所以，掌握简单的笔记技巧，改变自己的错误习惯，其实是非常必要的。

记笔记首先要学会选择纸笔

工欲善其事，必先利其器。打磨好自己的工具，也是一种工匠精神的体现。有些人可能认为记笔记跟工匠精神无关，毕竟在大多数人眼里，只要有一叠纸、一支笔，谁都可以将自己的想法记录下来。

当然，这种想法并非不对。对于很难被外物影响情绪的高情商者来说，无论身处何地，使用怎样简陋的记录工具，只要能保障工作顺利进行，这些人就能够始终保持极高的热情和缜密的逻辑思维。但不得不承认，我们只是芸芸众生中平凡的一员，总会因为外物而影响自己的情绪。此时，你会发现一本整洁而符合自己审美的笔记本所带给自己的积极影响是非常明显的，而面对一本脏乱差的笔记本，很难有人能做到全神贯注、高效工作。

所以，选择合适的纸和笔是记笔记的第一步，也是决定你之后是否能够学会笔记技巧的第一步。

曾经有一个姑娘这样向我抱怨："我知道您说的一些笔记方法，也照着去做了，但不知道为什么，我的笔记看起来还是很混乱。"

听到这样的疑惑之后，我看了一下这个女孩的笔记本。发现她的确按照我所讲述的技巧去记录工作的内容，比如使用康奈尔笔记法分区、重视总结、标注重点等，那为什么她的笔记看起来还是比较杂乱，甚至影响了她的思考过程呢？

很简单，因为她选择的笔记本纸张克数太低，导致纸张非常薄。而这个姑娘还习惯于正反面记录，导致每一面的记录都会多多少少地透到另一面上，这就让她的每一面笔记都显得比正常记录要杂乱很多。

针对这种情况，我是这样建议的："也许你只需要换一个笔记本，或者改掉你两面都写内容的习惯，就会发现情况大有不同。"

我并不认为记笔记是一个单纯的记录过程，其实这也是一个审美传达的过程。对于美的东西，我们都会自发地产生积极的享受感。因此，如果能将笔记内容表现得更加优美合理，学习热情也会变得更高。所以，选择适合自己的纸和笔就很重要了。

一定要选择笔尖粗细合宜的笔。学生时期，很多人都会选择0.5mm粗的中性笔，这也被称为"考试必备专用配置"。这导致很多公司的后勤在购买纸笔时，最愿意选择的就是0.5mm的中性笔。如果仔细观察就会发现，我们在记笔记时习惯于用小的行距和小字体，0.5mm的中性笔在纸张上的书写感受是比较差的——它太粗了。与之相同的还有M尖（0.44mm左右）的钢笔，或许它适用于签名，但绝不适用于记笔记。

对于绝大多数的笔记内容而言，用较细且书写顺滑的笔更加合适。后者的重要度要高于前者，因为只有顺滑的书写感才能保持高效的记录。如果使用的笔不够细，可以通过拉大行距来解决，同样可以让纸张上的笔记看起来更加整洁。

简而言之，如果更关注笔记的整洁与否，那么最好选择一个较细的笔来记录；如果习惯于用较粗的笔来书写，也不必刻意更改，只要选择合适行距的笔记本就好。任何一种习惯的培养都要基于自身接受度，不必强行改变自己的习惯，因为那样也未必能取得更好的结果。

那是否意味着在笔记当中，较粗的笔就没有用武之地了呢？当然不是。**粗线条的笔在我的笔记中出现的频率也非常高，我习惯于用它**

来记录需要强调的内容。

比如，主题内容可以用粗线条的笔来记录，下面用细线条的笔来补充细节，这样一眼看过去就能够分清主次，并且能够更好地理解主题。再者，还可以用较粗的笔来强调重点部分，不必通过各种符号或色彩来加注，仅仅通过笔迹的粗细就能立刻抓住重点。

这种习惯是我从新闻摘要当中学到的。当初在记笔记时，首先想到的就是要从报纸当中学习文字的排布精髓。因为报纸的排版就是为了让我们能快速地抓住重点信息，再没有比它更能展示笔记技巧的了。报纸上加大加粗的内容往往都是重点中的重点，一则新闻只会把精髓的部分用更粗更大的字体来展现。因为当我们在看报纸的时候，眼睛会首先关注粗字内容，大脑也会重点理解这部分内容，留下的印象也更加深刻。所以在记笔记时，不仅可以用颜色来强调重点，还可以通过笔迹的粗细差异来区分。在日常生活中，我常用到的笔的粗细往往在三种以上，这样可以帮助我更好地将一篇内容以合理的方式排布出来。

除了笔以外，本子的线条也是影响笔记的重要因素。我们的文字都是沿着线条书写的，如果笔记本的线条安排不合理，很容易影响阅读舒适感。

现在市面上最主流的笔记本就是横线本，不同横线本之间的间距也有所不同，主要有8mm、6mm、5mm三种。如果你的字迹较大，可以选择8mm的笔记本，内容界面更加舒适，不会造成字迹挤在一起的感觉，所以一般推荐选择6mm~8mm的横线本。

从下页图中可以看出，我所使用的笔记本是8mm的横线本，而旁边的方格本也是标准行距，为5mm。

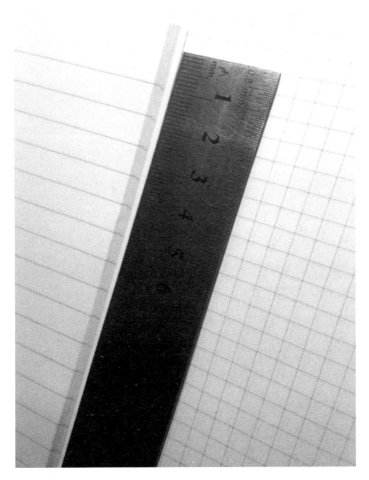

相比之下，5mm的行距过于狭窄了。一般人写字都需要占据一行半才能满足书写要求，这样的间距放在方格纸上倒是非常方便，因为方格纸的书写不完全卡着边线，但放在横线本上就过于密集了。

如果你的字比较小巧秀气，最好选择6mm行间距的笔记本，因为我们在安排笔记段落的时候，经常采取空行的方式，对于习惯写小字的人来说，7mm的行距再空行就显得过于夸张了。

对于习惯不同的人来说,笔记本的选择也是不同的。所以,选择笔记本的第一要素不是"别人说什么最合适",而是你在充分了解利弊之后,结合自己的书写习惯来寻找"自己觉得什么最合适"。只有合适的才是最好的,不是吗?

笔记课堂
不同的笔记本体现不同的习惯

事实上,除了根据类型选择笔记本外,还要根据自己的习惯和适用性来选择笔记本。如果你习惯于零散记录,随时要在笔记本上增添内容,可以选择活页笔记本;如果你不喜欢笔记本占据太多空间,那么线圈笔记本将是你的首选,它可以灵活地将折页翻到笔记背后。

如果你经常在工作中粘贴信息、使用便签等,最好选择一个较大的笔记本。A4尺寸是最不容易出错的选择,你的任何信息都可以粘贴在上面。但是,有些人习惯于商务旅行和更灵活的工作场所,所以笔记本的尺寸必须适当减小,最好在A6左右。

比如,我需要在日常工作中做很多总结,工作内容的相关性和系统性很明显。因此,我选择的笔记本通常较大,并且可以翻页。通过这种方式,可以将两个页面合并为一个页面,制作思维导图和树形图等也会更加方便。

因此,笔记本尺寸的选择还要贴近自身的工作习惯,选择适合自己的笔记本款式是最经济、最高效地提升工作效率的技巧。

方格笔记本能够改变你的工作方法

选择合适的纸和笔,不仅能让记笔记的过程变得更加享受,也能让笔记变得更加整洁。不要忽视整洁的重要性，很多时候，整洁与高效是紧密相关的。想要达成高效的工作，首先要保证整洁而有条理的笔记，这样大脑才可以更好地接收足量的信息。

选择方格笔记本，让笔记可以在整洁的基础上变得更加灵活，这是一种非常适合工作者和学习者的笔记本。

然而很多人甚至连方格笔记本是什么都还不了解。区别于我们平时所用的横线笔记本，方格笔记本上是由间距很小的横竖线所组成的一个个小方格，如下图所示。

方格笔记本有两个特别之处。

第一，方格笔记本是由横竖线组成的，所以它没有记录方向。可以将笔记本竖着来写，也可以将它横过来记录。许多人选择方格笔记本都会将它横过来，这种方式更适用于我们眼睛的浏览习惯，是比纵向使用更好的记录办法。但是，如果你选择的是横线笔记本，那就不能这样记录了。

第二，方格笔记本的横竖线颜色较浅，跟横线笔记本上粗深的颜色不同。因为方格本的横竖线只是保障我们能够平直地进行记录的辅助线，不像横线笔记本，要求我们将文字记录在两条横线之间。这些辅助线是要衬在文字下方的，自然颜色较浅。这样在视觉上会给我们更好的享受，在记录之后，整洁程度也比横线笔记本要高。

方格本的这两个特点只是最基础的。我之所以推荐方格笔记本，是因为使用它可以让我们的工作习惯得到改善，让我们真正把笔记本变成万能利器。

首先，有横竖线的方格本能很好地将笔记本分出区域。 你完全可以沿着某一行列将笔记本划分为两个或更多区域来进行记录，如后面介绍的康奈尔笔记法就是通过区域来区分不同种类的内容。要想让笔记既能兼顾重点，又能突出主题，使用方格笔记本是最有效的方法。

其次，方格本提供了天然的点和线，不论是粘贴资料还是绘制表格或图像，都不用担心会有歪斜或不成比例的情况。 只要找好方格点，沿着横竖线去绘制图像，不仅能够保证横平竖直，还能有天然的比例尺。所以，很多工作当中需要作图的人都会选择方格本，不论是柱状图还是折线图都可信手拈来。

再次，方格本标注重点的能力也比其他笔记本要强。 普通的横线笔记本的间距是固定的，如果我们想将标题写得更大、更显眼一些，难免会出现将字写到横线外的情况，显得很乱。而方格笔记本的格子本来就是起辅助作用，字写在格线上也不会产生视觉问题，可以放心地将重点内容或主题写得更加显眼，甚至单独划分出一个区域来体现。

方格笔记本的好处有很多，与之相似的还有点状笔记本。

点状本和方格本有所不同，它只显示方格本的"点"，没有横竖线。这样的本子常常用于书写英文、绘制图表等，定位准确方便，而且不会有多余的线条影响观感，也可以当作方格笔记本来使用。

最后，空白笔记本也可以变身为方格笔记本。全空白的笔记本很少被人选用，因为它没有线条定位，记笔记时很容易"跑偏"，非常难掌握。但是，只要在下方垫上一张有横线或方格的衬纸，在书写时就可以沿着横线或方格来做记录，抽掉衬纸后，页面会显得格外干净，阅读感很好。

笔记课堂
让方格本变成你的打卡器

"打卡签到"这件事也可以变得很有趣味性。许多人在每日计划中都会进行特定的打卡签到活动，坚持打卡能够让他们获得一定的成就感，保障他们每天都完成一部分目标。这种打卡的方式一旦成为习惯，就可以变成最好的自我监督法。

我们完全可以用方格笔记本来制作自己的打卡器。方法很简单，方格笔记本本身就由许多格子组成，可以利用这些方格子制作一个日历，其中每一个小格代表一天。当一天的日程结束，完成了计划当中的工作时，就可以将这个格子涂满。如果一天的工作完成了一部分，就可以将格子涂一半，成为一个小三角形。如果这一天的日程完全没有完成，没有实现打卡的目标，这一个格子就空下来。这样一个月之后就可以直观地看出自己到底完成了几次目标。

除了打卡签到，用方格笔记本制作清单也会显得很整洁。列出这一天的工作清单或计划，然后将每一条计划都单列一行书写，最前方空着的方格则当作打卡器，每完成一条计划，就在前方的方格里打一个勾或者涂满（如下页图所示），这样能够清晰地看出自己的计划完成情况，比其他方式更高效。

妙用颜色搭配法

用彩色笔来强调重点内容，这种记录方式很多人都了解。但选择什么样的颜色才能让效果达到最佳，这一点却有很多人不甚清楚。

你可能会疑惑，难道用不同颜色的笔去记录内容时还会产生不同的效果吗？先不说别的，仅仅是不同的色彩，给予我们的情绪感受就是不一样的。

作为冷色调的蓝色，一眼看上去就会给人沉静安稳的感受。而作为暖色调的红色则更抢眼一些，但是长时间注视会觉得烦躁不安。

这就是色彩心理学。由于不同色彩给人的观感是不同的，所以人们在做家居装饰时才会更多地选择以冷色调或淡色调为主来装饰卧室，这是为了在精神上给人一种舒缓放松的暗示。其实记笔记和做家居装饰的道理是一样的。笔记中的主要文字应该选择偏蓝的颜色或黑色，一方面保障字迹清晰，另一方面保障不会出现情绪上的负面暗示。对于需要强调的内容，我喜欢选择红色等较为热烈的颜色，能够吸引更多的注意力，只要不大面积使用就不会影响情绪。

这就是不同的色彩对笔记的影响。这一节介绍的颜色搭配法是想告诉大家，装饰笔记时要注意色彩的数量控制。五颜六色的笔记看起来可能比较热闹，但很容易分散注意力，是一种错误的笔记记录法。正确的方法应该遵循一个原则——**笔记的颜色最好不要超过三种**。

三种颜色是我们整体认识一个内容的上限。不同的色彩可以划分不同的笔记内容，如果色彩太多，系统性的内容就会被分散得过于零碎，反而难以产生整体性的认识，也会影响我们的联想能力。三种颜色是既能够分清主次，又能够让我们整体认识笔记内容的最佳选择。

除此之外，三种颜色的限制也可以让我们更好地抓住重点。很多人非常重视自己的笔记内容，恨不得将每一句话都标记为重点，所以选择了许多种颜色来强调重点内容。但是，使用的颜色越多，画出的重点内容就越多。那么，什么样的内容才能称为重点呢？一定是大量信息中的精髓。所以，我们用彩色笔勾勒出的信息应该是特殊的，如主题、重点、解决方案或总结，但绝对不要超过整体内容的10%，否则就失去了强调的意义。

用越多的颜色去描画重点，就越暴露了你抓不住重点的缺陷。如果将可用的颜色限定在三种以内，你在勾画重点时肯定就要做出更多的取舍，这也锻炼了提取主要信息的能力。

一个在工作和学习中效率极高的人，一定能分清主次，将事务中最精华的部分提炼出来。只有将最主要的精力放在最重要的事情上，才不会浪费时间和精力，不会出现"本末倒置"的情况。

笔记记录不能超过三种颜色的原则得到了许多支持和验证。最初的倡导者是日本明治大学的齐藤教授。齐藤教授为了保证自己在记录时坚持三色原则，还专门设计了一支三色圆珠笔。这支圆珠笔有红绿蓝三种颜色，齐藤教授选择用红色来记录重要事项，因为红色本身具有更强的视觉冲击力；用蓝色来记录一般事项，大规模的蓝色可以让思维更加清晰；用绿色来记录个人事项，这样通过色彩就将工作与生活区分开，保证了齐藤教授能以最高的效率去处理记录下来的工作。

你也可以设计一款自己的三色笔，选择你习惯使用的色彩，去标注不同类型的内容。如果你想记录某一类型的工作或学习内容，不妨选择三种同一色系但深浅不同的颜色。以最深的颜色来标注重点内容，稍浅的颜色标注次重点。这种同一色系的选择方式也可以凸显主次，最重要的是，色彩搭配看上去非常合理，不会出现审美上的问题。

不管你选择了怎样的笔记记录法，我唯一的建议就是一定要将这种规则坚持下去，让你所选择的颜色与内容类型深深地印在你的脑海中。这样才能让你看到颜色就立刻明确内容，达到快速查找、快速整理的目的。

日常笔记的标准配置

下面介绍我的日常笔记标准配置（如下页图所示）。

（1）方格笔记本一本；

（2）国产黑色钢笔一支，三菱橙色中性笔一支；
（3）斑马彩色荧光笔一支。

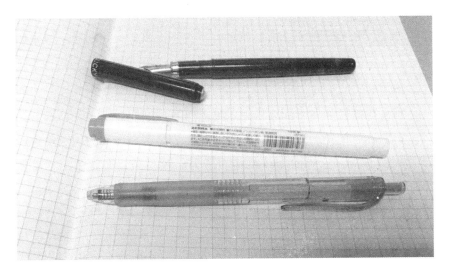

日常书写笔记时，我会使用黑色或者蓝色的钢笔和中性笔，这两种颜色也是最常见的。如果遇到重点内容，如需要强调的环节、格外重要的部分和总结性的发言，我会用荧光笔将其覆盖或者用下划线强调，使内容更加突出。在使用过程中，铱金尖的钢笔对我而言是最顺滑好用的。有些品牌的铱金尖钢笔价位也很合适，如平价的英雄系列等，在使用感受上国产钢笔不输国际大牌。

如此记录完毕之后，第一次笔记就做完了。第二次检查、收集反馈信息或做项目总结时，我会在相应的部分用颜色艳丽的中性笔记录，这就是精简之后的"经验之谈"，属于重中之重。再次回顾的时候，我就会多加注意红色的和荧光笔覆盖的内容，将思考的时间与精力集中在主要部分上。

标注时间，笔记整理更高效

笔记应该是成体系、有脉络的。不仅一页笔记、一章笔记应该如此，一本笔记也应该有一定的规律，这样在后期的整理和查找过程中才不会做无用功，才能让每个被记录下来的信息都得到有效利用。

最好根据时间线来安排和组织笔记内容。

方法非常简单，就是每次记笔记的时候，都在页面的固定角落记下当时的日期。这种时间线就相当于另一种目录，尤其适用于整体性、系统性比较差，以及内容较为繁杂的笔记。

在工作中，根据时间线整理笔记的重要性会体现得淋漓尽致。在学生时期，我们接触的知识往往都是成体系、有架构的。这样的笔记内容自带"目录"框架，不必按照时间线去整理，而是根据不同的内容分为不同的章节，更符合逻辑，也更利于查找和复习。但在工作中，我们很难将手头的任务以系统的方式整理成章节，这些任务往往是按照时间线来安排的。所以，利用时间线来整理就变成了最合适的方法。

举个简单的例子，如果你在某一季度接手了A项目，那么在进行这个项目的过程中，你一定会将不同阶段的工作按照时间顺序进行安排。此时，你的笔记就可以按照具体安排来标记日期。当项目结束后，不论想要回顾哪一阶段的工作，都可以通过时间目录快速找到。即便过去了很长时间，也一样可以根据日期联想起自己当时做了什么工作，并由此找到这一日期的笔记。

所以，本身不具有系统性和逻辑顺序的笔记内容完全可以通过时间线来整理，这样不会显得杂乱，避免了各个方面内容的混合导致思路不清晰。越是在工作当中起到总结效用的笔记本，越是要以时间线来标注。因为总结的内容往往涵盖了多个方面，如果仅按照某一方面的逻辑来安排，很容易就会忽略其他方面内容的顺序与连续性，不如以时间线来安排。

以时间线来整理笔记的方式也很适合日常记录。你可能习惯于用一个小的笔记本来记录零散的事情，如果不随手标注日期，在后期整理这些碎片化信息时，就很难找出其中的顺序和逻辑关系，甚至导致自己在誊抄时抓不住重点。有了日期，零碎的信息记录就有了一定的顺序，查找时就会更加方便。

除此之外，时间上的先后顺序往往是我们在思考时很容易忽略的一个点，如果能够按照时间线来整理笔记，可能会发现一些事物在发展过程中的时空顺序，将三维空间里无法联系起来的内容用时间线联系起来，找到启发自己的信息点。

举个例子，为什么人们炒股的时候都喜欢关注"日K线"和"月K线"等（如下图所示）？就是因为虽然每天的交易会产生大量的信息，但只有在时间线上进行对比才能够把握股票的发展趋势。所以，大多数人还是更关注股票在某一时间段内的发展趋势。这就是将信息放在时间维度上去思考、联想所产生的效果。

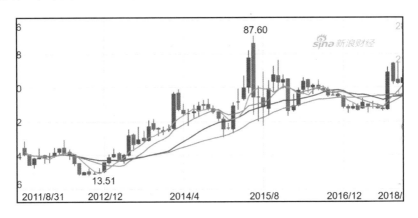

无论是任何笔记本，我都会按照固有的逻辑去整理。在记录工作时，我总会选择用时间线来整理自己的笔记。尤其是当某项工作比较复杂，需要花费一段时间来完成时，更会标注不同阶段的起始日期，告诉自己在哪个阶段要做哪一方面的工作。这样不仅可以帮助自己更加清晰地找到工作当中的逻辑，还能起到一个督促自己的作用，保证在期限内完成。

因此，在做笔记的时候，一定要记得随手在固定的位置写下日期。哪怕你不需要以时间线来整理，随手写下日期也能方便日后查找。

进行日程记录时更需要标注时间线。这种时间线不仅要精确到日，甚至还要精确到小时。一个能够高效工作的人，往往会将自己的每一个小时都安排利用起来，他们知道在每天的哪一段时间里要完成什么，并且能够坚持达成目标。这样的日常规划才能保证将所有的零碎时间都利用起来，不会出现拖延或者低效的情况。所以，在记录日程笔记的时候，标记时间线更加重要。

好的笔记需要经过反复提炼

工作记录不是一蹴而就的。很多呈现于 PC 端的工作，往往都需要从笔记本上开始。一次次的草稿记录被整理成初版电子文档，再经过多次的修改，才会最终呈现为 PC 端的终极提案或总结汇报。在这个过程中，做笔记就是一个反复提炼、反复改写的过程。

因此，在工作中写笔记千万不要怕改，不要总想着能够一蹴而就，一版文档就能达到最完美的状态。越是追求完美、精益求精的人，对笔记的修改次数就越多。一次次的修改痕迹，也呈现了一个从草稿到最终版的进步过程。

我们的成果注注会体现在 PC 端上。越是如此,在电脑上进行的工作就越要准确。所以,最好将修改和思考的过程放在纸上,这样不仅方便涂改,而且写的过程也是一次思考和重新认识的过程。这种手脑配合的方式,可以让你更深刻地认识自己的工作内容。

好的笔记需要经过反复提炼,只有不断地打磨、改写,才有机会获得成为终极提案的资格。

你的笔记本都有什么用途?

你的笔记本有什么用途呢?

你可能会觉得这个问题莫名其妙——笔记本不就是记录用的,还能有什么用途?如果你这样想就错了。不同的笔记本完全可以发挥不同的功效,你在学生时期还知道用不同的本子记录不同科目的内容,在工作中难道就要将所有的信息都整理在一个本子上吗?那样是不是有些太"随便"了?

拿出学生时期记笔记的认真劲来研究一下,你就会发现不同的场合、不同的需求,都要求我们分别准备一本单独的、专门的笔记本,这就是笔记本的不同用途之所在。

下页图中所展示的是我最常用的三种笔记本,从左到右依次为系统笔记本、随身笔记本和计划笔记本。不知道你的笔记本分别有什么用途,又是如何划分的呢?

  首先介绍系统笔记本，作为需要多次翻阅的笔记本，其中记录的内容有较强的关联性和整体性，就得按照我们之前所说的原则选择——千万不要太小！只有这样，阅读起来才会舒适，而且能够尽可能地将较多、较完整的信息同时呈现在我们眼前。

  我选择的系统笔记本是B5方格笔记本，它的大小为179mm×250mm，比A4小又比A5大，不过后两者的大小也比较合适。

  这种装订式的笔记本比活页本更加牢固，即便多次翻阅也不会造成断裂、缺页的情况，而且粘贴资料也不会导致它散落，不必担心用久了出现问题。同时，它的装订处可以全部打开，能够呈现左右两页合二为一的效果，阅读与记录都非常舒适。

  如果你的笔记本需要时常拿出去使用，如听会议、出差等，而桌面又比较小的话，也可以选择能够完全翻页的线圈式笔记本。这类笔记本可以将纸页完全翻转到背面，占据面积较小，本身也比较硬挺，方便拿在手中、放在腿上做笔记。

相比之下，随身笔记本更加重视灵活性，它可以在不同的场合携带，尤其适合出差时使用。因为上面记录的信息比较零散，个头小些的笔记本反而更合适。**一般情况下，我都会使用A6及更小的笔记本作为随身笔记本**，A6笔记本的尺寸为105mm×148mm，**相当于手掌大小，所以十分合适**。

随身笔记本上的信息不需要二次翻阅，所以随撕随用的活页本非常合适，如果有便利贴功能更好，可以直接将内容撕下粘在系统笔记本上，省去抄录和裁剪粘贴的过程。同时，我也很注意笔记本的封皮，一般都会使用硬皮本。虽然这样会占据更大的空间，但是依旧可以放在口袋和皮包中，而且一旦遇到没有桌子的情况，也可以拿在手中记录，十分方便。

我所用的随身笔记本就是中等大小的、某外国公司生产的和风系列笔记本，A6尺寸、硬封皮，使用起来十分方便，一般放在包中即可。日常生活中可以选择同类型的平价本子，毕竟随身笔记本的消耗速度比较快。

而计划笔记本可以根据我们的需求进行选择，一般也是小于A6大小的掌上笔记本。我选择的计划笔记本略小于A6尺寸，大小为105mm×122mm，是国内某公司出品的100天计划本。这本笔记本针对每日计划安排了专门的格式，不必自行设计，用起来十分方便。

其他品牌的计划、日程笔记本也有很多，还有月计划、年计划本等，可选的范围很广。我选择较小的计划本，因为每日记录的日程不多，用小本即可每日记一页，一日过完便翻页，方便管理，而且成就感十足。

也有一些人习惯将计划表打印出来，每日一格，每月一页，做成月历状打印在A4纸上。这样做不仅方便记录，也能整体掌握自己的计划完成状况，达到跟踪项目进程的目的。

第3章

涂鸦式笔记法

案例 一份年薪百万的"简单"工作

对于大多数人而言,工作和学习都是很容易令自己感到枯燥的事。尤其是记笔记这项任务,不少人都无法坚持到底,究其原因,不过是因为单调、重复,容易导致自己丧失动力。

"在我的日常工作中,眼前看到的永远都是文字。密密麻麻的字从电脑屏幕上挪到我的笔记本上,从资料上挪到合同上,永远摆脱不了。有一阵子,我一看到自己的笔记就忍不住感到厌倦,真的太累了。"一位在民营企业工作的管理者这样抱怨。

在巨大的压力之下,如果还让我们每天盯着全是文字的单调笔记本,似乎的确会产生厌倦感,就算自己还能坚持阅读下去,也很难产生好的效果。此时,就需要让笔记里的内容变得有趣起来,变得"新奇"起来,涂鸦笔记就成为减压和提高工作效率的关键手段了。

当我们刚意识到涂鸦笔记本的有趣和重要之处时,一些人已经依靠着超强的涂鸦表现力和笔记总结能力,过上了依靠"涂鸦笔记"年入百万的日子。

年入百万,我真的不是在开玩笑!请不要怀疑,的确有这样一种职业存在。我在一次会议上接触到了涂鸦笔记,也认识了这样一位专门的笔记工作者——Lamy。

Lamy就是常年受到各种公司邀请,去参加他们的会议并帮助做笔记的人。他告诉我,他会至少提前半个月去了解这场会议的主题和内容,收集足够多的资料,保证自己可以像一个内行人一样快速接收会议信息并安排好主次。然后,在会议开展的过程中,他就会一边听一边总结,并记录重点,最终将会议内容整合成一页信息量丰富的涂鸦笔记。

"大多数涂鸦笔记都和思维导图联合起来用,我认为二者很难分割。"Lamy这样告诉我。没错,我常常看到用夸张的手法、丰富的色彩和各种手绘内容去体现的思维导图,这就是一种涂鸦形式的导图,结合二者的特点,展现出的内容更容易被人所理解和接受。

Lamy的这项工作可以让他的年收入轻松过百万,这并不是人人都能做到的。"我这种实时记录、现场创作的过程,需要对涂鸦笔记了解很深,并且进行过充分的实战和练习才能做到。大多数人做涂鸦笔记都要进行二次创作。"

正是因为Lamy对任何信息都有强大的理解和总结能力,而且懂得如何将信息用最有冲击力的形式表现出来,最终实现梳理思维的作用,所以他才能成为年入百万的专业笔记工作者。这让我想到很多——如果我能够学习到涂鸦笔记的方法,即使不能成为专业人士,是不是也相当于给自己雇用了一位年薪百万的笔记记录师呢?这是一笔多么值得的投资啊！技术和能力是无价的，相信我们都可以在学习的过程中变成更高效、更聪明的人。

要知道，涂鸦笔记不仅记录着重要的文字，还有有趣的图片、手绘标志、独特的排版模式，以及包括箭头、气泡、爆炸符号等在内的各种形状，给人的观感就像阅读杂志和图书一样，能够让笔记变得更加有趣，也让我们可以更加专注。

正是因为好的涂鸦笔记能够使效率倍增，让人对内容的理解、记忆都加深许多，所以在重要会议上才会用到，这就是"视觉刺激"的重要性。

怎样做好"视觉笔记"

涂鸦笔记还有一个名称叫作"视觉笔记"，我认为后者能够更好地反映涂鸦笔记的效果——通过加强文字的视觉冲击力，让人更好地理解它想表达的内容。

涂鸦笔记的制作重点就是视觉刺激，合理而良好的视觉刺激可以让我们高效地接收这些信息，过少或过多的视觉刺激都不能达成这一目标。所以，在制作涂鸦笔记的时候，一定要学会把握一个度，做到画面热闹而不紊乱，内容清晰而不繁杂，而且主次分明，能够将所有的重点内容都传达出去。

要做到这一点可不容易，下面有几点小建议，也许你可以从中学到一些做视觉笔记的好办法。

做任何一张涂鸦笔记之前，都需要梳理要记录的主题，找出其中的文字规律和主次关系。

大多数人做涂鸦笔记往往是为了让自己能够更好地理解一些新

的知识和内容，这就导致我们对这些内容可能没有深刻的了解。在这种情况下，先不要急着做笔记，而是要做到专心聆听别人的讲述。只有从别人那里了解了讲话的思路，明确了他们的逻辑，找到了要阐述的内容系统的规律，才能更好、更完美地展现涂鸦笔记的内容。

总有一些人迫不及待地想要做笔记，所以还没有听完、听清楚就已经下笔了，这很容易出现一个问题——当你对内容有了一定的了解之后，才发现你的记录方法过多地着眼于一些细节和不重要的内容，而重要的部分还在后面，但你已经没有精力和篇幅去介绍了。

这会让人觉得非常挫败。为了避免出现这样白费工夫的情况，一定要先了解你要做的笔记主题，找出规律，然后再去制作你的涂鸦笔记。

比如，有些人在阐述的时候喜欢分条列点，那就可以通过这种顺序来制作涂鸦笔记，以总分总的模式呈现；还有些人喜欢用一个个的小故事来阐述不同的主题，那就可以通过制作路径图的方式，将不同的主题连接在一起。总之，根据内容的理解形式和展现规律的不同，也要选择不同的记录方法。

涂鸦笔记的版面设计也是非常重要的。版面设计不仅呈现了你的审美，也与你的笔记是否有逻辑性紧密相关。不同呈现方式的笔记有不同形式的版面安排，比如，前面所说的总分总的形式就可以设计成柱状或是网格状的板面；如果笔记的内容有时间线的先后顺序，就可以选择使用路径图的方式来呈现……关于版面设计的详细内容会在后面着重讲，因为这也是涂鸦笔记最重要的部分。

这里先讲一讲版面设计的另一个要点——内容元素。

一张涂鸦笔记不仅要有笔记内容，一些细节和元素也能体现出你做笔记的水平。下面这几条涂鸦笔记的元素介绍,也许可以帮助你更好地理解如何制作涂鸦笔记。

(1)**永远不要忽视突出主题**。主题的存在,可以让我们立刻明白笔记的主要内容,不会出现理解偏差的情况。所以,我一定会将主题或者标题栏写在涂鸦笔记中显眼的地方,有时甚至会让它占据最大的篇幅,因为它所呈现的内容是最短小精悍的,人们只要看到主题就能对整篇内容一目了然,如下图所示。在其他类型的笔记当中,我也很重视标题栏的存在,因为我太知道标题的重要性了,这一点在前面已经强调过。

(2)**分隔线可以让涂鸦笔记的结构变得更加清晰**。在涂鸦笔记当中,不同的涂鸦只是为了让我们更加生动地解读内容,真正起到梳理框架作用的是分隔线。大大小小的分隔线将涂鸦笔记的不同内容区分开,将它们放入框架中的不同位置,最终组成了一份有次序、有结构的涂鸦笔记,如下页图所示。如果分隔线的设计不够合理,很容易暴露笔记缺乏逻辑性的特点,所以在制作涂鸦笔记时,分隔线是建立框架结构的基础,知道在什么地方画分隔线也是一门做笔记的学问。

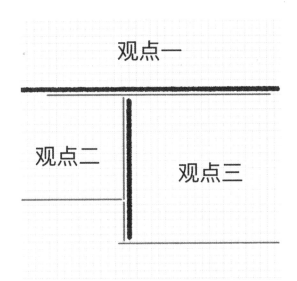

（3）当你想要分条列点地叙述一些问题时，就需要用到项目符号。要注意不同级别、不同内容的项目符号应该是不一样的，通过项目符号，可以对信息的级别和类型进行区分，这是一种非常直观的体现方式，如下图所示。

● 项目主办地点安排
● 项目流程设计
　※一阶段
　※二阶段
● 项目总结

当我们看到这个简单的框架时，很容易区分哪个是一级信息，哪个是二级信息，因为不同信息前面的项目符号有一定的区别，让我们一眼看过去就对它们有了认识。

（4）**记录涂鸦笔记时，少不了用箭头来建立逻辑思维。** 很多时候，我们的联想能力和逻辑思维能力就是靠涂鸦笔记当中无处不在的箭头来体现的。箭头的存在，首先可以让你将注意力集中到某条信息上，起到强调重点的作用，其次，通过箭头可以将两个原本很容易遗漏的信息联系起来，发现它们之间的关系，建立复杂的连接网络。由此可见，这种小符号的应用对于涂鸦笔记的呈现来说是非常重要的，如下图所示。

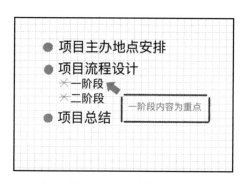

除此之外，图表、漫画和强调符号等都是涂鸦笔记当中经常出现的内容，它们让涂鸦笔记的视觉冲击力变得越来越强，从而让我们可以更好地记住笔记的内容。

涂鸦笔记到底有什么特点？

涂鸦笔记的第一个特点是将单调乏味的文本变成直观的示意图，从简单地调动大脑文本区域到让整个大脑活跃起来。根据研究，大多数"过目不忘"的人主要是因为他们有一种基于图片的记忆方法。他们可以将面前的文本转换为单张图片，就像是将一本书复制到大脑中一样，这样更不容易被遗忘。对于普通人来说，如果想提高记忆力，也需要做到类似的目标。如果把文本翻译成"图片"，对大脑来说会更加深刻。

涂鸦笔记就是利用有趣的绘画方法和文本安排,将单调的文本整合到"图片"中,从而打开图片记忆的大门。所以,当我们阅读涂鸦风格的笔记时,记住的内容总是会更多、更长久。

独特的涂鸦笔记还可以使我们更加专注。为什么人们喜欢在会议上做涂鸦笔记?因为会议常常令参与者觉得无聊,所以难以集中注意力。此时,如果你的笔记采用涂鸦风格,文字和图片的共存与以前的笔记记录模式不同,就会让内容变得有趣起来。它会对大脑产生一定的感官刺激,你的注意力将会更集中。

此外,涂鸦笔记可以让你的工作状态更轻松。在设计涂鸦笔记的过程中,你的美学思维、框架安排和视觉语言都将被调动起来。更重要的是,这是艺术和工作的结合,可以使烦琐的工作和学习变得更加轻松愉快。如果你想做涂鸦笔记,深层解构内容是必需的,这会促使你积极地去理解并处理工作内容,从而让这些工作变得积极和有趣。

重点内容"画"出来

涂鸦笔记其实就是将重点内容"画"出来。

不过一定要记住,涂鸦笔记的重点在于"笔记"而不是"涂鸦",千万不要将它当成是一幅简笔画,这样会本末倒置。有些人在制作涂鸦笔记时,只注意绘制图画,完全没有文字内容,这就无法很好地传达笔记的内容。只有总结到位的重点内容,结合适量的、不会喧宾夺主的简笔画,才是涂鸦笔记最合适的排布。

在"画"出重点内容之前,我们需要针对涂鸦笔记进行如下准备。

（1）一个空白的笔记本，一定要足够大，这样不会受到空间的限制。一般来说，我会选择A4大小的纸张，这样的纸张大小符合国际标准。如果你没有什么特殊偏好，不如也选择这样的大小——相信我，作为经过全世界验证的最佳尺寸，也会是适合你的尺寸。太小的纸张无法负担要记录的全部内容，毕竟你是要用一张纸来展现一个系统的！所以，A4纸的大小是最合适的。

（2）选择质量好的黑色中性笔，一定要保证不会在绘制途中就没水了。很多时候，选择的中性笔在绘制途中会慢慢变细、变浅，然后不得不换一支笔。这不仅会影响你的思路和书写笔记的顺畅程度，还可能出现前后笔迹粗细不同的情况。一旦出现这种情况，很容易导致你的关注点偏移，更容易关注粗线条记录的内容，而忽略细线条记录的信息。

（3）最后一点是一个有争议的建议，那就是备一些修正液。完美主义者可能会认为，用修正液会打乱自己的页面布局，会破坏涂鸦笔记的美感。但是，错误是学习过程的一部分，如果你在记录过程中出现错误，如何去修补呢？很多人选择重新记录，但这是无谓的时间付出，完全可以通过修正液来改正错误。不要做完美主义者，修正液的小补丁总比到处都涂黑了要好得多。

涂鸦笔记不等于日记或者旅行笔记，不过仍然要坚持文本的颜色不超过三种。我经常使用黑色或蓝色这两种颜色来书写文字或绘画，而另一种明亮的颜色则用来凸显重点，如添加一个框、加下划线等。通过这种方式不仅不会让内容乏味，而且会让色彩更合理。

涂鸦笔记不必完整记录所有内容，只要让自己和其他人都能理解即可。我们都知道，要记录一个完整的内容需要大量的文字，如果你的涂鸦笔记也充满了各种文字，这就与我们平常看到的文本密集型、令人厌倦的笔记没有什么不同。只记录最重要的部分、使用最简化的框架就好，要记得涂鸦笔记的本质就是"总结"和"整理"。简而言之，它只记录需要强调的内容，否则，我们真不知道要画多少涂鸦笔记才能记录所有内容呢！

前面说过，版面设计是开启涂鸦笔记的重中之重。下面介绍几种简单而典型的版式规划方法。

（1）**放射型版式**。如下图所示，放射型的涂鸦笔记中心是内容的要点和重点，比如开会的时候，有人喜欢在版面中心填入会议主题和主讲人的名字，其他一切都是围绕着这个中心展开的二级标题。而放射型版式还可以再围绕着二级标题放射出三级标题，以此类推。这种版式与思维导图的安排很相似。

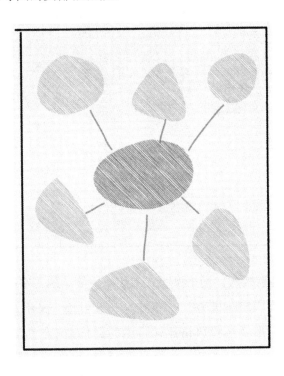

（2）**柱型版式**。柱形版式在涂鸦笔记中是最简单、逻辑最清晰的版式。一般来说，当记录的内容可以分为并列的几类时，就可以通过柱形图的方式来记录，每一个划分的区域可以记录同一类型的内容。柱形图还有一个好处，就是方便进行对比。如果你记录的这些类型的内容可以进行横向比对，那么这种分栏的模式可以让你更清晰地进行纵向记录和横向对比，如下图所示。

（3）**网格型版式**。网格型版式适用于更复杂的文字内容。当你发现内容既不能围绕主题并列排布并呈现放射型，又不是并排关系可以呈现柱形，那就选择风格比较自由的网格型吧！如下页图所示，只要将同一类型的内容放在某一网格中即可，彼此之间不必有逻辑上的并列或包含关系，这就是网格型的自由之处。而且网格型版式可以保障高效利用涂鸦笔记的界面空间，在同样的纸张上记录更多的内容，特别适合文字较多的涂鸦笔记，也适合初步规划涂鸦笔记的读者。

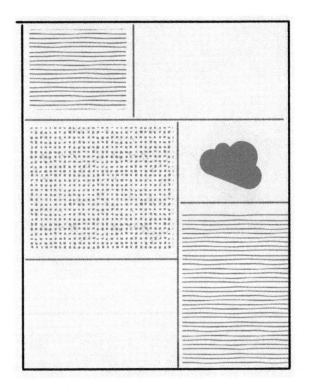

（4）**路径型版式**。路径型的记录法非常重视逻辑性和先后顺序，一般来说，有时间线的完整流程往往会通过路径图来记录，有一定逻辑关系的内容，如"Who+When+Where+What+Why"这样记录事件的顺序，也会使用路径图。如下页图所示，路径图的安排一般比较自由，只需注意弯折的路径不要太复杂，否则特别容易出现认知混乱，很难一下子就找到路径顺序。如简单的"C""Z""W"及"S"等路径，根据这样的路径来安排内容比较有趣味性且不混乱。

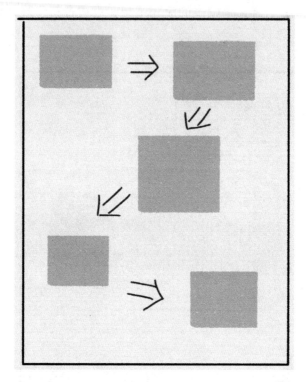

（5）**爆炸型版式**。爆炸型版式的安排最简单，就像爆米花炸开一样，不讲究任何顺序，尤其适合记录毫无联系的零散内容。比如我们想到什么就记录什么，然后用爆米花一样的强调符号将其框起来，这就是思维世界里的一个"爆米花"，如下页图所示。这样的展现过程虽然天马行空，但最终很容易显得杂乱无章，让人看起来有些头疼，所以不建议在其他内容上使用。

行文至此,你对涂鸦笔记的版面设计有所了解了吗?会设计板块之后,你的涂鸦笔记就算是成功一小半了。

笔记课堂

提前了解会议流程有助于涂鸦笔记的记录

很多时候,我们很容易忽略一件事——预先了解会议流程。不管是参加会议也好,去听演讲也罢,大多数人在得知了"主题+演讲者/主持者+时间地点"的信息后,就决定自己要不要去,很少有人愿意去了解细致的会议流程,这其实是不对的。如果你真的对会议感兴趣,那么在对方同意的情况下,应该获取会议的详细流程信息,如整场会议会在什么时候讲哪些内容、如何安排活动等。

这有什么好处呢？很简单——可以帮助你进行涂鸦笔记的记录。你完全可以在了解会议流程之后，预先设定涂鸦笔记的框架，将一些比较麻烦的内容先绘制好。这样在会议进行的过程中，就可以轻松跟上对方的思路，实时做出你的涂鸦笔记了。

掌握好"空行大法"，涂鸦也能很有序

很多人做笔记时喜欢将笔记写得满满当当，一点空隙都不留，别提多"节俭"了。一眼看去，还以为这是一篇小作文，根本看不出重点、段落与知识点。这样做笔记，就算笔迹工整、段落整齐，仍然属于"阻碍自己"的笔记本，对学习、记忆和理解没有一点儿好处。

当看到这样的笔记本时，你会不会产生下面这些想法？

"虽然文字写得工整，但整页纸上全都是内容，连一行空白都没有，好像在做阅读理解，从中筛选重点很麻烦。"

"给人感觉太压抑，信息排列过于密集，大脑无法一下子接受，阅读时非常吃力。"

……

没错，一页完全没有空行、过于密集的笔记，往往会在第一时间给人造成"非常难""不好处理"的心理压力。而事实也是如此，毫无留白的笔记，不仅难以提炼重点，而且阅读感受也会很差，很容易让人产生疲惫感和厌烦情绪。

应该在合适的时候学会给自己的笔记空一行。下面就来看看，什么时候使用"空行大法"最为合适。

首先，在关键内容前后可以留出适当的空行，然后将关键内容写

在中间。因为在笔记本页面的安排中，内容越松散、越少，就越容易被人注意和理解。所以，每次总结的内容不应该超过三项，这样我们才能集中注意力去关注最重要的东西，从而减轻工作压力。通过空白行，可以一目了然地看到页面上的关键内容。同时对少量重点内容进行单独记录，能够给人一种"任务更少，更容易"的印象。

请看下面这两张图片。第二张图片（下页图）中空行之间的这句话比第一张图片（下图）更容易被注意到。这是因为空白行在分隔和突出内容方面发挥了作用。因此，可以在重要内容之前和之后用空行去强调它们。

> 涂鸦笔记虽然属于融合绘画、文字于一体的笔记，却不等于图画，也不是简笔画，所画的内容最好是跟文字有关系的，绝对不能只有图画、没有文字，这样就脱离了笔记的本质。举个例子，如果你的笔记内容是会议流程，可以将日期的部分画成一张小小的简笔画日历，上面写着要求开会的日期，而会议中需要记录的环节就画一支笔，需要讨论的环节就画两个简笔火柴人。这样一来，会议流程在你心中的印象就深了许多。
>
> 涂鸦笔记也不等于手账、游记，记录时文字的颜色依旧是不超过三种最佳，我们往往会采用两种色彩。黑色或蓝色写文字或画图，而另一种鲜艳的颜色则是给简笔画上色或用于强调，比如加粗、加亮某一方框、给文字加下划线等。这样不仅不枯燥，而且主次分明。涂鸦笔记也不用将所有内容都完全记录下来，只要能让自己看懂、让别人看懂就好。我们都知道，将一份笔记记录完整是需要大量文字的，如果你的涂鸦笔记也充斥着许多文字，那与我们平时看到的文字密集、令人生厌的笔记就没有什么不同了。
>
> 涂鸦笔记的精髓在于"总结"和"整理"，只要将最要紧的环节、最主要的内容和最精简的框架记录下来就好，简而言之，就是只记录需要加强记忆的内容。否则，我们不知道要画多少张涂鸦笔记、耗费多少不必要的精力去强调记忆呢！

> 涂鸦笔记虽然属于融合绘画、文字于一体的笔记，却不等于图画，也不是简笔画，所画的内容最好是跟文字有关系的，绝对不能只有图画、没有文字，这样就脱离了笔记的本质。举个例子，如果你的笔记内容是会议流程，可以将日期的部分画成一张小小的简笔画日历，上面写着要开会的日期，而会议中需要记录的环节就画一支笔，需要讨论的环节就画两个简笔火柴人。这样一来，会议流程在你心中的印象就深了许多。
>
> 涂鸦笔记也不等于手账、游记，记录时文字的颜色依旧是不超过三种最佳，我们往往会采用两种色彩。
>
> 黑色或蓝色写文字或画图，而另一种鲜艳的颜色则是给简笔画上色或用于强调，比如加粗、加亮某一方框、给文字加下划线等。这样不仅不枯燥，而且主次分明。涂鸦笔记也不用将所有内容都完全记录下来，只要能让自己看懂、让别人看懂就好。我们都知道，将一份笔记记录完整是需要大量文字的，如果你的涂鸦笔记也充斥着许多文字，那与我们平时看到的文字密集、令人生厌的笔记就没有什么不同了。

其次，可以用空行来区分两个不同的模块和段落。 无论是学习还是工作，都有分阶段的任务。不同阶段的任务和学习内容应该进行清晰明确的划分，以便更清楚地识别这些内容的所属范围，这对理清思路和调整学习计划有很大的好处。在笔记中，通过空出两三行就可以将两个大内容分开。

例如，在学习笔记中，"第1章"和"第2章"之间应该留出适当的空行。事实上，我们大多数时候都主张用一两张空页来隔断这些内容。这不仅能分开它们，而且在后续研究中再次总结这些知识时，还可以在每章后面的空页上补充自己的新认识，不至于无处书写。这不仅让记录空间更丰富，还不会使笔记显得太杂乱。

有些人第一次记的笔记太密集，后面新加的内容就只能写在笔记周围的缝隙和空白处，使字迹显得异常拥挤和混乱，让人根本不想再看，又怎么能起到记笔记的作用呢？

如果你的笔记需要多次记录、修改或注释，最好写两三行就空一行。首次可使用黑色或蓝色笔来书写笔记，后续如果有需要修改、注释或补充的信息和内容，就选择用较浅的颜色来记录，如黄色和淡蓝色等，这些内容可以写在预留的空行中。这不仅不容易混淆，读起来也很舒服。如果需要强调内容，请使用鲜艳的颜色（如红色）进行书写。

每个标题都有自己的位置，不要直接在标题后面写笔记。最好让标题单独占一行，重要的大标题下还要留空行。太多人习惯于将内容直接写在标题后，而不是让标题单独占一行。标题通常是一个主题的中心或内容的概括，是精髓，如果忽略了标题，就很容易遗失文章的重点。因此，必须确保每个标题都单独占一行。无论是包含很多内容的一级标题还是最低层级的标题，都必须坚持这一原则，以便我们可以更有序地做笔记。

采取这种方法做笔记，是否让你的笔记变得整洁清晰了？记住，不要让你的笔记太紧凑，空白行还可以帮助你穿插记录插图、树状图及流程图等，可以让笔记内容更丰富。

笔记课堂
不必将纸张的正反面都利用起来

在做笔记时，完全不必将自己的笔记本正反面都写满。铺陈开的笔记往往有左右两页，我习惯于在右边这一页做笔记，而空下左边这一页。除非有大量的内容需要将两页合成一页来整体记录和表现，否则我绝不会将左右两面都利用起来。

为什么要这样呢？首先，我是一个非常重视笔记整洁的人，很多时候纸张的厚度不够，容易让字迹透过纸背。如果我将笔记写在右边，翻过去之后左边页面就会透出痕迹，再记录内容会显得杂乱，没有阅读美感。当然，这只是一个小原因，更重要的一点是，我总是需要补充新的内容、图表和资料。如果每次记笔记都不留下足够的空隙，之后的资料和内容就无处记录，只能通过粘贴大量便利贴来解决，这样就会丧失系统性。这时，如果只选择在一页当中记录，将反面空着，就可以把相关内容写在反面，不仅有大量空间可以补充信息，而且两页距离很近，避免了不系统、逻辑不连贯的情况出现。

涂鸦笔记也要注意层次感

涂鸦笔记的记录也应该注意层次感，这里所说的不是呈现内容的层次感，而是在制作涂鸦笔记的过程中需要有层次。

至少大多数人需要如此，这跟涂鸦笔记的创作方式有着非常密切的联系。从根本上讲，涂鸦笔记的创作可以简单分成两种——现场创作及二次创作。

现场创作跟传统做笔记的方式差不多，别人传达内容，我们记录下来，就这么简单。但它又非常不简单，因为要把内容可视化，相当于进行了一次同步的再创造，在倾听别人发言的同时，将内容快速整理好，并且用图像表现出来，这就具有一定的难度。

先不说这种现场创作对手速和美术功底的要求，单是对逻辑思维和创造力也是一个大大的考验。所以，能做到现场创作的人少之又少，至少我见过的没有几个，其中一大半还都是专业制作会议笔记的从业者。

就像我之前介绍的Lamy一样，他的确可以将各个公司或组织开展的活动实时地以涂鸦笔记的形式展现出来，但是做到这一点并不容易,需要很长时间的练习。Lamy告诉我,他用了两年时间才做到,而且在这之前他已经是一名UI设计者,拥有了一定的基础。

这告诉我们,现场创作的笔记形式虽然听起来非常酷,但并非一天就能练成的。当然大家也不必灰心,只要坚持练习,总有一天可以做到。

在练习的过程中,我们还需要按照二次创作的方式去做涂鸦笔记。这个方法很简单,就是先跟着会议或活动过程打一个草稿,然后再进行二次创作,进行细致的描绘或改进。这样做出的涂鸦笔记就是有"层次感"的笔记。

第一层就是"草稿"的制作过程。在绘制涂鸦笔记草稿的时候,以简略和模糊为主。可以简略地写下总结出的内容,规划出模糊的版式,方便后续修改。这个过程最好用铅笔进行,就像绘画最初打的草稿一样,铅笔可以让我们的修改变得更容易。

哪怕是设计草稿也要有一个层次,这就是制作涂鸦笔记的基本逻辑。是按照时间线来绘制,还是按照系统框架来绘制呢?当你选择了其中一个逻辑,就确定了笔记内容的先后顺序,这也是一种层次。

在涂鸦笔记的草稿阶段不要担心设计错误,你甚至可以推翻自己的架构重新安排,坚持记录、实时总结才是最重要的,这是对自身能力的一种锻炼。在这之后,就可以针对初步的草稿进行细致描绘了,这就是"二次创作"的过程。

在制作第二层次时,可以换成钢笔来绘制。跟草稿时期的模糊、简略不同,钢笔绘制的图案、写下的文字是不能更改的,所以要以准确和切中中心为特点。写下的内容必须是切中中心的信息,保证涂鸦笔记可以最高效地传递信息;而规划的版式必须准确,保证文字脉络和图像框架都非常清晰。做到这两点,才算是完成了第二层次。

在第二层次的记录中,一定要重视符号的运用,让笔记更加条理清晰、主次分明。这些符号也可以用作阅读资料时的标记,同样可以起到很好的效果。简单来说,这就是我们常说的"画重点"。但是,要想把笔记的重点画得赏心悦目,符号也得运用到位才行。

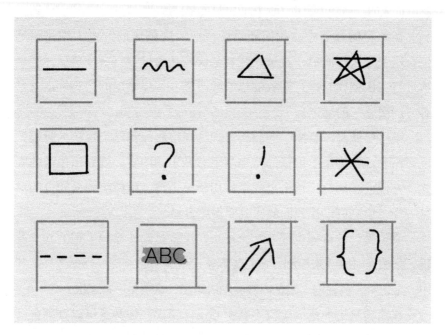

想要让符号能传达信息,首先要做的就是给符号赋予意义,不同的符号有不同的用处,千万不要乱用。比如,当你在记录的时候,将最重要的内容用星星符号来标记,次重点则用三角符号标记。那么,在接下来的笔记中,你最好一直沿用这一套系统,这样当你看到自己的标记时,就能立刻想起它的意义。

如果你喜欢随便乱用,一会儿用下划线标记重点,一会儿用感叹号,再过一阵又变成星星,只会把自己弄糊涂,符号也失去了意义。

掌握了这些技巧,相信你在进行涂鸦笔记的创作时,能变得更加游刃有余。记住,当你的经验还不足时,不要羞于接受自己要二次创作的事实,这是一个成长的过程。

涂鸦笔记的一级创作要学什么

如果说涂鸦笔记的一级创作就是一场模糊的记录,你会不会觉得非常简单?这好像就是将总结的主要内容写下来,然后先随便给它安排一个地方而已。然而事实恰恰相反:二级创作只是锻炼你的表现能力和审美,一级创作才是构建笔记思维的过程。

不要认为模糊的、简明的内容就很容易记录,在记录过程中,你要体会两个概念:如何整理出一个主题的重点内容,以及怎样安排、展现重点内容的清晰脉络。

这两点就是涂鸦笔记要给我们展示的东西,也是最核心的部分。"如何整理出重点"告诉你要选取哪些文字来做笔记;"怎样安排重点内容才能使脉络清晰"告诉你选择什么版式来做笔记。二者一结合,再加一点修饰,就足以让你做出一个有头有尾的涂鸦笔记了。

所以,重视你的一级创作,打草稿的过程也很重要哦!

实战应用 让你的会议视觉化

如何让你参加的会议充满视觉冲击力呢?很简单,只要照着下面这几步进行即可。

首先,在制作涂鸦笔记之前,应该先了解自己要参加的会议的背景内容。必须先了解会议背景,才能知道会议的主要关注点、主持人简介等信息,并提前进行简单的记录。这样就对会议有了初步的了解，至少知道了内容的大方向，然后给自己足够的信心。如果有机会与主持人沟通会更好，这会让你的涂鸦笔记更加完美。

经过研究，可以根据主题来收集和阅读相关资料。通常情况下，我会携带活页夹来收集信息，这样可以随时插入数据并在活页纸上进行记录和修改。有时我需要使用手机，因为在目前的信息化过程中，我们随时可能会拍摄一些照片，或者发送和接收电子邮件，这些记录信息的办法都比用手写要快得多。

其次，一定要在会议或活动开始之前到达，并创建你的标题页。笔记的记录是信息的传输过程，所以我强烈建议将会议笔记制作成报纸形式。媒体是传播信息的天然专家，他们知道如何让人快速阅读到最重要的信息，其中一个窍门就是制作引人注目和色彩明亮的标题。因此，如果制作涂鸦笔记，就有必要制作一个花哨、醒目而又巨大的标题。

制作这样的标题显然需要很长时间，有时候需要做一些修改。如果你在会议开始后才开始匆忙地进行，这可能会影响你对之后内容的关注和理解，因此需要尽早到达并提前制作引人注目的标题。

会议或活动开始后，可以聆听其他人的讲述并有选择性地记录在笔记本上。可以专注于你认为重要的事情，记录你感兴趣的事情，这些都没关系。因为最重要的事情不是记录，而是在这个过程中过滤信息并整理其顺序和逻辑。

会议对于大多数人来说是"无聊"的代名词。不可否认的是，许多会议本身并不是很有用，可能正在浪费我们的时间。但当你发现你参与的所有会议都很无聊时，只能证明一点——你根本没有进入决策圈子，或者没有参与重要的工作。因为大部分重要的工作仍在会议中决定，所以需要积极参与会议，不论是否有决策权和发言权。即使刚刚进入职场，也必须保持学习的态度，应该始终遵循会议的节奏，这样才能迅速成长。

机会总是留给有准备的人。即使你没有决策权，甚至没有发言权，也并不妨碍你模拟参与和记录自己的想法。这是参与会议并改变"无聊"过程的第一步。

我们可以在会议中进行"角色扮演游戏"，假装自己现在是一名发言的经理、董事或其他决策者，然后从这个身份开始思考如何去做。当你以这种方式去"扮演"决策者时，其实就是在锻炼自己的思维，然后与真正的决策者所做出的决定进行比较，思考其中的异同和原因。当你发现自己做出的决策已经跟决策者一致了的时候，恭喜你——你已经锻炼出一个领导人应该有的思维了。

我们还可以让会议记录变得更有趣。例如，根据会议发言人的角色画几个"头像"，当然，如果你没有时间，也可以用名字、火柴人等简单的形式代替。下面这张图就是几个头像模式的涂鸦会议笔记。

通过这种方式，可以将每个人的讲话重点记录在他们的头像下方，并自动分类。这样除了使会议内容具有立体感和趣味性之外，还可以让你更快速地记起当时的情况。比如，在将来看到这个记录时，几乎可以立即回想当时的情况——因为你记得很清楚，哪些内容是由谁提出的。这种涂鸦方式可以成为记忆的一个关键节点，帮助你更好地记下烦琐的会议内容。

这种根据发言人来记录的方法之前也说过，就是在做笔记时，可以按照柱形图来安排内容。当人数不多时，可以使用不同的颜色来区分，但如果人数太多就不是很方便。

记住，一定要记录他们的有效发言！有些人在会议上讲了很多，但很少有主观意见表述，这就是无效发言，真正的作用很小。在记录会议时，一方面要摘除无效发言，另一方面也是在锻炼自己，学会如何进行有效的发言，减少无意义的时间浪费。

如果你选择这些方法来记录笔记，就会发现会议的过程也没有那么难熬哦！

神奇的高效笔记法

案例 看看那些顶尖精英的笔记技巧

每个人都会遇到一些无法处理、无法判断的问题，在遇到这种情况时，有些人会凭借自己的直觉来随意选择，听天由命。事实上，当你不知道一件事该怎么做时，可以跟比你更聪明的人学习，跟随他们的选择。他们一定知道一些你现在还不清楚的事情，这种模仿也是一种成长。

做笔记也是如此，大多数人做笔记都没有掌握正确、有效的方法，导致耗费了很多时间去学习的东西却记不住，写下来的工作内容一次次被忽略，开完会之后再看笔记，脑子里总是一团乱麻……这样的笔记只是写在纸上的文字，不会对你的工作产生任何积极影响，甚至可能"扯后腿"。而且你还会在这样的笔记上浪费许多时间，让效率变得很低。

这时应该如何改进自己的笔记记录法？当你没有自己的主观想法

时,可以选择跟随那些顶尖的精英人士去学习笔记技巧,他们的技巧既然能适用于那么多人,相信对你所遇到的问题也会有一定的帮助。当你真正提升了自己的笔记技巧之后,就可以考虑去改进、创造属于自己的笔记法了。

我的一个朋友在很久之前就是这样做的。他是个很懂得跟别人学习的人,当他决定参与到某个领域中时,一定会寻找一个足够优秀、足够聪明而且不会欺骗他的榜样,去学习对方的工作习惯、模式和思维方法,哪怕他一开始并不清楚对方为什么要这样做。也许你会觉得这样有些可笑,他也确实会学到一些没什么用的东西,但更多的是学会了那些对他影响深远、令他受益良多的技巧。

在上手之后,只要延续这种习惯和技巧就好,而且他也会在不断的实践中找出这些做法的原因,品评其优劣,并转化为适合自己的模式。相比之下,那些跟这个朋友同时参加工作的新人还在一头雾水地进行学习。

记笔记也是如此。在我向他推荐一些笔记技巧提升效率之前,我就惊讶地发现,这位朋友已经按照康奈尔笔记法在记录自己的某些学习内容了。当我问起他是否系统地接触过康奈尔笔记法时,他说:"没有,我只是在网页上见到过有人推荐。既然是世界顶级精英都会用到的方法,一定有很多可取之处,所以就拿来尝试,现在发现确实不错。"

在运用康奈尔笔记法做笔记时,这位朋友对它的好处其实是一知半解的。虽然没有接触过专业介绍,但他明白,跟着高效人士去学习他们的方法总会有一些益处。果然,在运用中他逐渐体会到这种方法的优势,这是比任何理论说教都有效果、理解都要更深刻的。

而有些人可能读了许多书、收藏了许多方法论,但却从没有在工作或生活中实践过。哪怕说起笔记法头头是道，真正写的时候还是按照自己那一套方法来，这就本末倒置了。记住，学到就一定要用起来，尤其是那些能够提升效率的笔记技巧。

除了接下来会详细介绍的康奈尔笔记法之外，还有很多类似的、有相当知名度的经典笔记法，下面这4张图片所展示的就是4种最出名的笔记法的版面安排、内容整理模式。

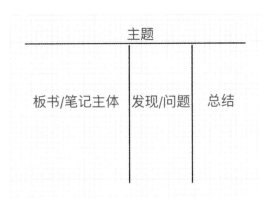

东京大学笔记法

康奈尔笔记法

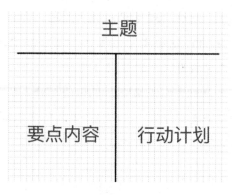

埃森哲笔记法

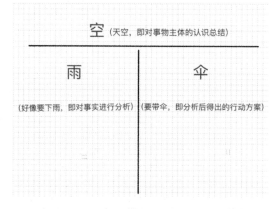

麦肯锡笔记法

你会发现,顶尖精英的笔记模式都很重视一件事——分区。不同性质的内容要在不同的区域内体现,而它们都记录在同一页面上,这体现了内容的整体性。既能够一眼看到相关主题的所有内容,又能够直接、清晰地通过分区明白它们之间的逻辑关系,这样思维就非常清楚了。

这就相当于一本书的目录,一本十几万字的书如果没有目录,看起来会非常吃力,而且想要明白这本书的逻辑架构会很麻烦。但有了目录，就相当于将书分区，你能立刻明白作者在建立这个体系时的思维逻辑，也方便自己理解。这种笔记法的分区模式，作用也是如此。

然而，在使用时它们的侧重点又各有不同。东京大学笔记法更倾向于整理要学习的系统内容，适合学生时期的读者去理解、学习一门新课程或新知识；康奈尔笔记法的使用跟东京大学笔记法类似，有趣的是这两种笔记法都是从学校流出的，可见也的确更适合学习者；埃森哲笔记法重视关键点和行动，在安排工作时非常高效——拿起笔记思考一下，就能抓住行动重点并安排具体实践方法；麦肯锡笔记法更像是一个提案草稿的记录模式，当你需要在工作中整理思路、提交文字内容时，不妨选择用麦肯锡笔记法的模式去做草稿，帮助会更大。

还是要记住一点，不管什么样的技巧都需要实践，千万不要学到却不做到，那样效率永远无法提升！

用好笔记本的"两页"法，让你的主题更明确

总有人说我用笔记本特别讲究，但又特别不讲究。讲究，是因为我总是习惯于将笔记本分成不同的区域来记录，条条框框该写在哪里、整理在什么位置，都有一定的习惯。这样我理解、记忆起来就很方便，别人看起来也很方便。但有时候我又不太讲究，经常把两页纸当成一页纸用，也不大在意版面排布，这里写一部分框起来，那里写一部分框起来，和之前的风格不太一样。

其实，这都是一些技巧，只是用处不同而已。对于那些整体性特别强、内容比较系统的工作来说，一页纸可能整理不完，我就会选择将本子平摊，把左右两面合成一页来用。

这样做的好处很明显，2倍的页面空间可以书写至少1.5倍的内

容，因为页面太大，信息密度不可能像以前那么高，否则很容易让大脑产生混乱，所以1.5倍的内容是比较合适的。如果像之前一样，把信息记录在单独的两张纸上，思维的连续性就很容易被纸张的分隔所打断，很难把系统的内容联系起来。

将两页纸合成一页来用，版面排布也按照一页纸的模式来，思维的连续性就变强了，一眼看到的信息更多，信息之间的关系也可以很好地表现出来，这就是一种优势。

所以我强烈建议，**对待信息量庞大的系统内容，一定要把两页纸合成一页来用。**

如果说笔记是第二大脑，是一个调动思维的平台，我们的大脑是根据笔记上呈现的内容在进行复杂的"头脑风暴"，那么将两页纸合成一页来用，就是给大脑一个更大的平台，让我们可以同时思考更多的内容。经常这样做，我们的联想能力、分析能力和想象力都会变得更加强大，能处理更加复杂的信息和问题。这是一种能力的提升。

这就是为什么我不建议大家用特别小的本子来记系统性内容的原因。小本子记的内容太少，一页纸呈现的东西很有限，会禁锢思维，没有正面影响。相比之下，大页面、多信息的呈现，一开始会让你觉得无从入手，熟悉之后，你的想法就会比别人更灵活、更深入。

按照两页合为一页的方式使用笔记本时，请务必利用好整个页面的中心区域。中心区域才是最"有戏"的地方，这部分内容你会记得更清楚，所以一定要写最重要的信息。

什么是中心区域？它是整个笔记本的中间部分。人类的视野相对狭窄，根据我们的日常习惯，当我们看到一个页面时，注意到的第一个内容就是中心区域。不要低估这个小习惯。当我们在中心区域记录一些可以调动思维的关键信息时，这个小习惯会立刻让我们进入状态,可以潜移默化地增加我们的注意力并帮助我们思考。

前面提到的东京大学笔记法是将笔记内容分成三列,中间列记录"线索内容"。什么是线索内容?就是当我们接触到一个新的知识时,可以让大量信息连接在一起的内容,让我们了解"为什么"和"该做什么"以及其他想法的关键点。在线索栏中,我们经常会写下自己的一些想法、提出的问题或者以前的内容总结,总之非常重要,所以东京大学笔记法才会将其安排在最中间——这样我们一眼就会看到这部分。

中心区域需要被充分地利用,无论什么模式的笔记记录都是如此。那么应该如何划分所谓的"中心地区"呢?可以看一下下面这两张图例。

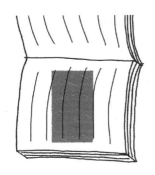 

左边是将笔记本横向使用的一种方法,此时中间区域就是阴影部分。这种用法主要在方格笔记本中能找到,因为其他笔记本的分隔线可能不太方便这样用,如上图中左边的横线笔记本,在横过来使用的时候分隔线就显得很碍事。优点是我们可以根据东京大学笔记法安排记录内容,也就是说,将笔记本分为三部分,能够让思路更清晰。

如果是采用"双页合并"的方式进行记录,中心区域则应该在两页之间,如上图右边的横线笔记本。如果你的笔记本这样跨页记录太麻烦，也可以根据自己的选择将其全部放在某一页面上，但也要将中心区域放在图中的阴影部分。

根据传统的记录习惯，使用好中间区域非常难。因为大多数人做笔记的方法非常简单，只要从第一行一直写到最后一行就行了。如此一来，无论是中间还是边缘都可以安排关键内容，很难实现"专注于重点"；如果内容安排太冗长，也很容易扼杀思维活力。

此时，如果按区域划分记录，每个区域都会记录一个小主题，就像报纸上的"新闻方块"一样，可以给人一种清爽的感觉。可以根据重点程度分配位置的内容，这样做也很方便。因此，我强烈建议以分区域的方式记录笔记。我在两页合并记录法中特别注重随手分区，中部记录的是最重要的内容，主要包括在学习过程中发现的新知识点、需要解决的问题或内容的关键部分。这就是我们所说的，通过版面设计反映思维的方法和分区的重要性。

在中心区域记录有价值的问题及关键答案，是将获取的知识转化为能力和思维的过程。通过这一过程，可以提高做笔记的效率。

做笔记也要学会留白

中国画讲究留白，做笔记也是一样。在写笔记时，因为版式安排经常会有一些空白处，比如标题前后空行导致右边区域大片空白，阶段内容写完后有空行等。这些空白区域看起来有些突兀，所以总有人试图通过密密麻麻的记录将其消除，这种做法是绝对不可取的。

要适当留白，就像我们的思考过程也需要适当停顿一样，对大脑来说是劳逸结合的信息输入状态，看起来很舒服。如果密密麻麻写满一页，反而令人看不下去。

这样的留白在后期还可以用来添加较为零碎的小信息，将小信息以"Tips"的形式呈现，用方框框出，也很有用处，如下图所示。需要注意的是，不要让这部分补充信息将笔记本塞得太满，空白区域可以利用，但一定不能被写得满满当当、毫无空隙，这样反而得不偿失。每一个零碎信息不超过三个点是最好的。

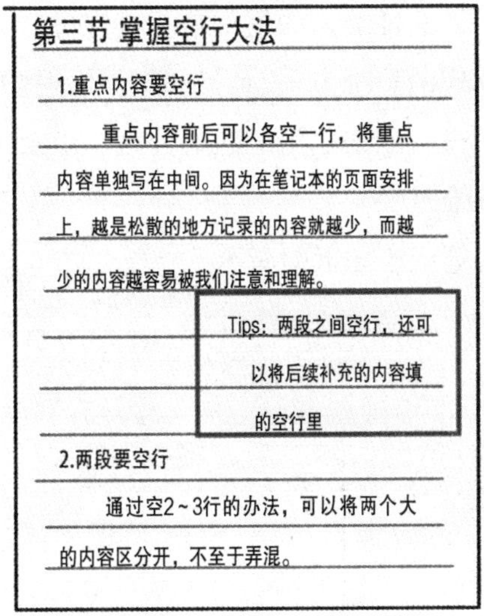

> **第三节 掌握空行大法**
>
> 1.重点内容要空行
>
> 　　重点内容前后可以各空一行，将重点内容单独写在中间。因为在笔记本的页面安排上，越是松散的地方记录的内容就越少，而越少的内容越容易被我们注意和理解。
>
> > Tips：两段之间空行，还可以将后续补充的内容填的空行里
>
> 2.两段要空行
>
> 　　通过空2~3行的办法，可以将两个大的内容区分开，不至于弄混。

康奈尔笔记法的"黄金三分"

康奈尔笔记法是康奈尔大学的沃特·波克博士发明的，它是一种被广泛使用的笔记系统，用于记录讲课内容、阅读材料及复习课程。当然，我认为只要灵活运用这种笔记法，不仅可以用于学习，也可以用于工作——毕竟，工作也是一个不断接触和消化新信息、不断进步的过程，也是一种学习。

康奈尔笔记法可以帮助你组织笔记,让你积极参与到知识的创造过程中,提高你的学习技能,以及工作和学习效率。

康奈尔笔记法的核心是分区。合理的分区和分区带来的思维引导优势,可以通过改变记录方式而激发创造力和思考能力。事实上,类似于康奈尔笔记法的分区模式在全世界都很常见,这些模式各有不同,但是都遵循着一个大体原则——黄金三分法。

大多数情况下,其他类型的笔记法只是在分区方面跟康奈尔笔记法有差异,但其体现的思维方式、对工作的效率提升是相似的,所以这里重点介绍如何进行康奈尔笔记法的分区,以及如何利用好这些分区来体现自己的思维过程。

一般的康奈尔笔记法如下图所示。

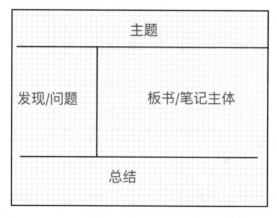

这是康奈尔大学一种系统的格式,主要用来压缩和整理笔记。在大学里,学生经常按以下方式来记笔记。

(1)笔记列(通常在右边)是所占面积最大的。课堂讲稿或教学笔记写在笔记列中,这种笔记通常由课堂的主要思想组成,要尽量避免长篇大论,可以使用符号或缩写来传达意思。

（2）问题/关键字列（通常在左边）占笔记列的二分之一。为了将来的复习总结，相关的问题应该尽量记录在这一列，以便学习的内容和问题在大脑中始终是清晰而完整的；或者将关键字写在关键字栏里，可以起到整理思路、突出重点的作用。这些笔记可以取自任何信息来源，如书籍、讲座、教科书乃至于会议等。

（3）在页面底部留出5～7行或者5cm左右的空白区域用于总结。在做笔记的24小时内，必须对笔记进行整理，然后在页底的5～7行写一个简短的摘要，这有助于加深对主题的理解。复习时可以在关键字或问题栏中回答问题，甚至可以覆盖右侧的笔记栏——相比之下，第一次记录的内容缺乏一定的重点，重要程度较低。就是因为不断对材料进行反思并定期复习笔记，才让我们不断获取新内容，抛弃不重要的、已经理解的旧内容，从而靠着笔记不断进步。

如果你需要一个更快的利用康奈尔笔记法的方式，可以使用互联网搜索康奈尔笔记法的模板。这特别适用于那些要做很多笔记或者想节省时间的人，因为可以找到制作康奈尔风格笔记的空白模板，只要打印空白页并按照相同的步骤操作就行了。

一定要记住，即便是右侧最基础的笔记栏，也只是记录想法，而不是说明性示例。去听讲座中的重要想法，而不是试图记录演讲者可能给出的所有内容。有重点、有目的性的记录不仅可以节省时间和空间，还可以自然地在已提出的想法和自己的想法之间建立联系，这有助于以后的材料记忆。

除了想法，问题也是一个需要记录的点。记下你在听或阅读新内容时产生的所有问题，如果有些事情你不明白，或者想了解更多内容，请在笔记中记下。这些问题有助于让你思考正在学习的东西，并且对以后的学习会很有帮助。

在讲座、会议结束后，注意总结关键点。尽快提出右侧部分的主要观点或重要事实，在左栏中写出非常简洁的版本，也就是找出关键词或短语来传达最重要的信息或概念。这样一来，在讲课或阅读的当天复习课程材料会极大地提高记忆率。

在左栏中强调主要想法有助于更好地识别它们。如果你是一个喜欢直观感受的学习者，还可以尝试突出显示或使用各种符号，这样可以让重要信息在一般信息中凸显出来。康奈尔笔记法的优点是，教你如何识别关键信息并丢弃不必要的信息，锻炼你识别不太需要的信息的能力。

总结页面底部的主要想法，有助于归拢所记录的所有信息。用自己的话来说明材料的要点是检查理解程度的好方法。如果你可以总结笔记页面，这意味着你已经很好地了解了这些材料。这个过程其实就是你不断问自己"我如何向其他人解释这些信息"的思考过程。页面摘要通常只需要用几句话来描述就可以了。如果合适的话，还可以在摘要部分记录所有重要的公式、图表等。

这种看似简单的笔记分区方式，其实是非常科学且重要的。所以大家一定要利用起来，只有用起来，才算是真正学到了。

笔记课堂
随手标记让笔记更容易整理

前面讲过，可以按照时间线的顺序去整理笔记，其实这就是一种随手标记的方法。当我们在做笔记的时候，在页面顶端的角落里，习惯性地标记当时的时间、所学习的科目名称或者会议名称，这就是很好的习惯。

你可能会觉得这样一个小信息与内容毫无关系，根本帮助不了自己。其实不然，当你需要将零碎记录的信息整理出来，或者在后续翻阅查找的时候，有了这些信息，你甚至不必专门去看内容写了什么，直接看标题和日期就能找到你想要的，而且达成了按照时间线整理笔记的目的。

还有一个小技巧，就是这种标记可以根据内容的不同而用颜色来区分。比如同一主题的会议名称可以用一种颜色，同一方面的工作可以用一种颜色，这样一眼看过去就知道自己要找什么，更加直观高效。

四象限法，梳理一团乱麻的工作

四象限时间管理法是在高效工作中起到规划作用的重要方法，这种法则运用在笔记中时，多半出现在日程计划或者清单规划中。

简而言之，这种法则能够帮助你更好地做计划、筛选工作并让自己更高效，是一种时间管理法。它对于更快地学习、理解课程和工作帮助不大。如果要达到后者的目的，可以选择康奈尔笔记法。将康奈尔笔记法和四象限法结合起来，就是非常好的一整套方法，让你在工作的整个流程中都能达到高效的目的。

每个人都想有效地管理自己的时间，但有些人可能还不知道要如何去做，关键就是要正确地排列要完成的任务的优先顺序。因为我们要办的事情不可能都是最重要的，一定有优先级，所以可以用四象限法来进行时间管理。

通过使用这种方法，在做计划的时候就可以将自己的活动分到这四个象限中的某一个象限。

如下图所示，四象限法的实行是建立在一个简单的坐标轴上的，横轴代表事务的紧急度，越往右边事务就越紧急，需要快点处理；纵轴则代表事务的重要程度，越往上就代表事务越重要，一定要小心谨慎地去做。

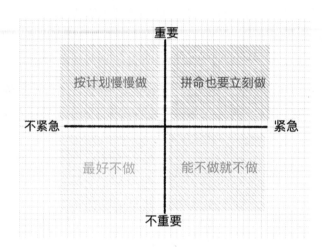

可以将自己的日程笔记做成这样的坐标轴，不再按照条目一条条地写下来，而是把每天的日程都安排在四个象限之中。按理说，做计划时要列入的任务数量应该是适中的，但是四象限法就是为了帮你筛选不重要的，留下重要的，所以创建的任务越多越好。理想情况下，你可以列出所有的活动计划。

可以使用笔和纸来制作四象限法的模板，不过现在有很多方法能让效率更高，比如一些清单类App可以轻松地提供四象限法的模板。所以，利用好App等现代工具，你的效率会更高，这也是笔记的另一种表现形式。

创建任务列表并将它们分成四个象限之后，就能清楚地看到首先要执行的任务——第一象限的工作。因为最希望实现的大多数目标和计划都在第一象限中，它们既紧急又重要。而第二象限的任务应该按部就班地完成，因为这个象限包含任务更要但却不一定紧急，可以按照计划每天完成一部分。

第二象限的事务与第一象限的差别就在于紧迫度,这里的事情同样很重要,但却不着急完成。比如,一个由你负责的长期项目,它是你的主要工作,绝对是重要的、无可推卸的,还需要完成得漂亮,但并不是第一时间就需要做完的。但是,如果你在期限内一直拖延,这个工作就可能被移入第一象限中,你的工作压力就变大了。

所以,在每天将第一象限的任务放在第一位之余,还要重点关注第二象限的任务,做到未雨绸缪。在生活中,有许多这样重要的任务,都会因为没有合理的计划和安排而一直被堆积着,最后就成了第一象限的事,弄得我们焦头烂额。而我们所做的日程安排和长期计划,其实就是针对第二象限的任务的。将第二象限的任务分散在每天完成,就可以减小第一象限的压力。

第三象限中,既不重要也不紧急的任务大多是浪费时间的事情。如果你想有效地管理你的时间,就应该减少或消除这个象限中的任务。同时,还要尝试摆脱第四象限的任务——能不做就不做。它们大多是计划外的某些意外,所以合理地摆脱它们并不是那么容易的,你可以寻找别人帮忙分担。

学会取舍,不重要的任务就不要耗费精力。减少或消除第三和第四象限的活动,是提升效率的重点,因为你可以将更多的时间花在前两个象限的活动上,以保持高效。

在规划和优先考虑问题时,一个至关重要的方面就是学习如何以及何时说"不"。尽管接听好朋友的电话很有诱惑力,但当你在处理优先任务时,先挂掉这个电话可能是更聪明的做法。学习如何安排你的时间,然后让其他人也这样做,你会发现你的整个团队都将变得高效起来。

第一象限投入最多精力

到底是既紧急又重要的任务应投入最多的精力,还是重要但不紧急的任务应花费更多的精力呢?很多人以为,肯定是紧急又重要的任务应投入更多的精力,因为它在第一优先级,而第二优先级的重要但不紧急任务则可以稍微放松一下。

这是不对的,其实第二象限才是我们应该投入最多精力的任务。虽然第一象限的任务需要排在第一位,但第二象限的任务才应该最认真地去做,因为第一象限的工作要求"又快又好",这是很难办到的,如果屈就于"快",就很难做到"好",所以往往回报不高。但第二象限的任务则可以慢慢做,这就能让我们有时间做好甚至做到完美,从而带来好的回报。

我们要做的就是合理计划工作,每天完成适当的部分,让手里的工作始终处于不紧不慢的状态,这样才能效率高、效果好,而且不会手忙脚乱。将更多的任务放在第二象限,而不是永远归类于第一象限,是一个人提升工作质量的重要一步。

五个"W",在笔记中问问题

在工作中做笔记,其实就是反映一个人思考的过程,通过笔记这个第二大脑来让思路更加清晰,能够同时调用更多的信息并找到其中的关联,从而使自己拥有创造性的思维。如何让笔记更符合大脑的思维模式至关重要,合适的呈现方式和记法可以让笔记对工作效率的提升有很大的积极影响。

如果要进行创造性活动,锻炼自己的思维灵敏度,那么传统的笔记方式就显得有些死板,大量的信息可能很难刺激我们产生新想法,我们的思维习惯也跟笔记这种按部就班、极具系统性的呈现模式有一定的差异。这时需要掌握"在笔记当中问问题"的方法,通过不断的自问自答,让自己的思维更加灵活,从而解决从笔记中衍生出的问题,并将文字资料转化为有一定实践价值的切实方案。

举个简单的例子,如果让你做一份市场分析报告,并列出接下来的市场营销方案,仅仅是阅读之前市场上的数据反馈资料是不够的,还要去分析,即从数据资料当中找到重点并发现问题,最终根据重点解决问题,给出一个更好的、更符合需求的答案,这才是你要做的。所以,我们的大脑其实在不断地产生疑问,并始终在围绕疑问思考。这时如果你能够通过笔记的形式将思维呈现在纸上,不仅可以直观清晰地梳理思路,也不必担心这灵光一现的想法会在之后消失。

在这种情况下,任何问题的呈现都应该以简洁为主,五个"W"模式就是最简单也最明白的一种模式。我想最先提出这一模式的人,应该是从新闻当中得到了灵感。一篇新闻的字数可以非常短,但一定不能缺乏六个要素,分别是"时间、地点、人物、起因、经过、结果",只要有了这六个要素,就可以清楚地传达一件事。

五个"W"的模式也是如此,分别为由问题衍生出的"Who""When""Where""What"及"How"(词尾带有w,为便于记忆,与他四个词并称为五个"W"),如下页图所示。尤其是在进行实践性工作的时候,通过这五个要素进行思考,很容易就可以理出一份可行的计划书。

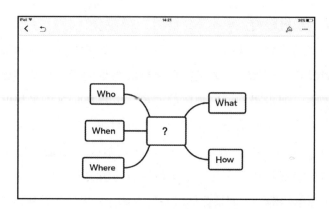

比如，在一场促销活动之前，我们需要通过会议来确定促销的形式、活动的过程、主要负责人及活动的日期等信息，那么围绕"促销如何安排"这个问题就可以衍生出五个要素。通过会议来决定由谁负责该活动，是"Who"；明白在何时何地进行促销，是"When"和"Where"；深入分析促销活动的特点和需求，是找出"What"，也就是明确我们应该做什么，我们做这件事的目的是什么；最终得出促销事件的活动流程应该怎样安排，就是"How"。

按照这样一个流程去思考，很容易保证自己的思维逻辑不被打乱，可以在会议当中始终围绕重点进行思考，这样会议的流程就会变得高效且有目的性，不会在插科打诨和跑题当中浪费时间，避免即使再冗长的会议也无法讨论出一个可行结果的情况发生。

不仅在会议过程中，当你决定进行任何一项工作的时候，都可以通过这五个要素来进行思考。有些时候，也许不必得出一个可行的方案，但在思考的时候，一定不要放弃五个要素，抓住要点，因为这是在锻炼我们的思维习惯。

当你已经通过无数次笔记练习，建立了一个固定的、有逻辑的高效思维之后，面对任何一件事，哪怕在一开始着手处理时还毫无头绪，你也能迅速抓住其关键点——五要素，然后通过你已习惯的方法，将原本陌生的问题化作熟悉的流程去解决。

这是一种对能力的真正提升，它保障了你可以比他人更高效地融入一个陌生的行业，或接触一份不熟悉的工作，这样你的职业生涯规划将更加灵活，你可以选择的未来也将更加广阔。记住，你现在在工作当中学到的知识往往只能让你现阶段的工作进入正轨，或者帮你在当前行业站稳脚跟，但你所培养的习惯与技能，你所拥有的学习能力和思维方式，可以让你在任何时候都立于不败之地，这才是你在职场当中不会被别人取代的根本能力。

笔记课堂

用"Why"替代"How"

在工作中我们常常需要思考问题，有的时候思考问题是为了找到实践的方法，比如提出一个项目草案、活动计划或规划书等。此时我们的思考重点就应该在"怎么做"上面，也就是"How to do"，所以五个要素中的最后一个也是最重要的一个要素就是"How"。

但有的时候，我们思考问题是为了找出更深层的原因或潜在的关系，从而指导下一步的工作，比如寻找产品的痛点、寻找流程可以优化的内容等。在这种情况下，"How"可能不是最重要的，在五要素中，它可以被替换为"Why"，也就是"为什么会发生这些事""为什么选择这个负责人""为什么在这个时间去做"等思考，这样做可以提升思维深度，同时也是一个学习的过程。所以，关键时刻学会替代要素，不管是去做还是去学习，都能找到最高效的办法。

自我检查
你真的用好"二、三、四、五"了吗?

在这一章里,我们介绍了"二、三、四、五"四种方法,分别是合并两页法、黄金三分法(康奈尔笔记法)、四象限法及五个"W"法,这四种方法可以说是当前笔记领域应用最广、最有效的小技巧。

你可能会觉得自己看过之后就学会了,但你能不能用好它们呢?这可不一定。有太多人只是去学,在用的时候却无法体现出自己的思考,只是机械地学习别人的流程,学习最表层的东西,这就是没有用好这几种方法的表现。

本书一直在强调,做笔记要体现思考的过程,其实很简单,只要将思考痕迹留在笔记上就可以了。不必拘泥于这四种方法,可以在实践中化用它们,找出最舒适的笔记法,这些都是值得鼓励的。但唯一要注意的是,要学会这四种法则教给你的思维方式,明白它们都是从哪些方面提升效率的,这样才能灵活运用。

其实,它们就是为了让你能不断地进行有逻辑的思考和总结,真正将记下的东西化为己用。做笔记的时候,一定要不断思索、概括和总结内容,并将你认为有意义的内容写在其中,防止它"灵光一现"后被遗忘。事实上,生活中的大多数想法只要不被记录下来,都是会被遗忘的。在写的过程中,只要用好方法,就可以更快地记下重点,或者理解应该熟悉的工作。

知道了这些法则的思维模式和用处,即便不照着去做,在转变成自己的方法之后,一样可以获得好的效果。如果你只是重复这些法则,而没有思考过程,也不按照本书所说的方式去复习、总结等，即便熟悉了这些技巧，一样不算是真正掌握了高效笔记技巧的工作者。

所以，不妨在做笔记和学习技巧的同时，不断地询问自己——我是否真的懂得了这些法则的内在含义？是否能灵活运用它们？是否坚持按照书中所说的方法去做笔记了？

只有长期坚持下去，这样的笔记技巧才会真正体现效果。有些朋友常常跟我抱怨："明明也按照你说的方法去做笔记了，怎么没有醍醐灌顶的感觉呢？"

我问他："你坚持了吗？坚持了多长时间？"

答案总是显而易见的："一两次"。即便有人坚持了一段时间，也多数不超过两周，就因为平时太忙、没有心思而放弃了。

可做事哪有一蹴而就的呢？再简单的习惯也需要坚持21天才能形成，你才做了几天而已，连习惯这样的笔记法都没有做到，就想要获得醍醐灌顶的效果，是不是有点太想当然了呢？任何一种好的方法都需要经过时间的检验才能获得最终的效果，绝对没有立竿见影的"偏方"。有些笔记法是在改变自身的习惯，所以你在一开始实践的时候，甚至会因为重塑习惯而耗费更多的时间、感受到更多的不便和不适。但这并不意味着你的方法不值得坚持，只要坚持一段时间，一定能看到成效。有些笔记法的评价是两个极端，就是因为一部分人并没有坚持过，只是试了试就放弃了，所以会觉得不舒服、不适应，当跨过了那个不适的阶段，一切都将改变。

第 5 章

高效能人士的计划制订法则

案例 会做计划的人才会成功

高效能人士的时间管理法则,关键词就是"P",也就是"Plan"的意思。

所以,提升效率的第一步就是会做计划。做事情如果没有一个好的计划,预先没有准备与安排,就注定会在执行过程中出差错,白费力气不说,更悲剧的是会直接导致事情的失败。在缺乏规划的事件中,很容易出现以下问题。

(1)毫无计划,导致事情琐碎而显得忙乱;

(2)没有时限,习惯性拖延;

(3)缺乏规划致使经常出现"想当然"却做不到的情况;

(4)执行中错漏百出,白费力气。

诸多问题都是低效的原因。

做计划这件事说起来特别简单,街上随便拉来一个小学生都能告诉你：找张纸，做个表，划分时间，填进任务，轻松搞定！

你可能会说自己经常做计划：今天要做的工作是什么，大体有几项，在下班之前完成就好；这件事情我大概需要分三部分完成，具体问题执行的时候再解决。

停！这不是什么计划，只是口头规划而已！真正的计划，是能够切实计划到每一步，不管长远计划还是短期计划都是如此，从可行性到指导意义，必须一样不缺。

会不会做这样的计划，并不取决于你的地位、年龄、职业，而是取决于你的思维和态度。至少在不久前，我所知道的一个普通女孩就展现了比绝大多数职业工作者更强的计划思维。

这个女孩是我侄女的朋友小K，高中之前可以说是人生赢家，长得好、学习棒、家庭环境优越。但小K并没有因为身上的光环而懈怠，仍然拼命学习，希望实现梦想，成为媒体方面的专业人士。不过在高考期间，小K意外未能考上最理想的传媒大学，但她仍不放弃自己的梦想，去了一所普通的传媒大学。

我再次听到小K的消息是说她几天前被中国的一家知名电影和电视公司招募了。知道之后，我侄女很惊讶，她一直觉得娱乐业和电影电视业离自己这种普通的年轻人特别遥远，小K怎么做到的？

小K说，她在大学时就爱上了这家电视公司制作的电视剧。大部分小姑娘都喜欢剧中的演员，但是小K却被能做出这样精良电视剧的出品人和团队所吸引，所以她有了一个目标——加入出品团队。

为了达到这个目标，小K列出了自己的计划清单：如果想加入导演团队，必须被电视剧公司录用。为了能够进入这家公司，需要一个漂亮的简历、杰出的能力和丰富的经验。想有丰富的经验，需要利用实习机会锻炼自己。想要有一个更高的平台，需要通过研究生学习或出国来提高自己的职业含金量。想要有出色的能力，需要抓住任何机会去提升。

她参加了大学时期的各种活动，只要参与到活动中，她就会不断学习各种有用的知识。在她大三的时候，就开始准备读研，在某知名互联网公司实习时得到了上司的看好和挽留，不过她选择大学毕业后去香港读研究生。在研究生学习阶段，她参加了许多与影视、展览、青年项目相关的实习，以及所有可以帮助她进入公司的项目，这些都被她纳入计划并认真执行。

从她定下计划的那一天开始，她所做的一切事情都是为了实现最终计划。看似很远的人生规划，当她坚持下来并详细列出可行的每一步时，就变得容易实现了。

没有计划的人生是盲目的，就像闭着眼走在不知终点的小路上，容易跑偏还很危险。不知道下一步要做什么，所以徘徊；不知道如何高效、快速地完成任务，所以困惑；不知道怎么做才能实现目标，所以迷茫。

因此，一个真正懂得时间管理法则的人，不能没有计划思维。而培养计划思维需要主动进行、主动关注。一些人拥有了一定的经验，便以为自己懂得做计划的精髓，事实上，很多人连这个女孩的计划思维和坚持都达不到，他们更需要的是自省和学习。只有不断前行，才能真正抓住时间。

用工作模板做计划笔记

在笔记上做功效计划其实也是有小窍门的。别看这些职业千差万别，工作内容各不相同，但是很多时候流程都是一样的。只要有一样的流程，就可以凭借普适性的模式来完成工作计划。这就相当于给了我们一个计划模板，只要按照这个模板去做，甚至不必多思考其他的问题，就能让自己的工作井井有条，效率得到提升。

高效工作的过程中，制订计划需要明确的步骤流程，大多数情况下，下图中的这些要素是不能少的。

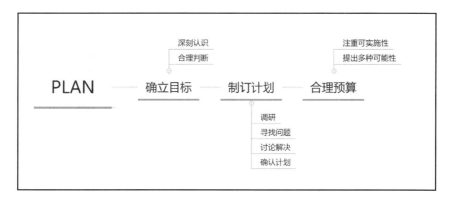

不论工作类型和职业方向的差异有多大，都可能涉及这些要素。而做工作计划的窍门，就是把这些要素归拢成一个典型流程，把它当作"万用砖"，哪里需要就往哪里搬。

根据这些要素做计划的时候，一定要注意以下内容。

（1）确立目标（Goal）。一个关键性的目标会直接决定工作方向和管理内容。要做一个合格的企业管理者，一定要成为能确立目标的人。不管是管理团队还是管理自身，必须要培养一种独立性，那就是能独立确立目标。

对工作的足够认识、合理把握及果决判断是确立目标的基本能力。做一个会规划目标的人，才能真正"带着别人走"，而不是"被别人带着走"。

要做管理者，第一步就是要有规划目标的能力、底气和领导力。

没有目标，之后的工作就会既缺乏指向性，也没有动力源泉，很容易出现低效散漫的情况。

（2）**制订计划（Plan）**。有了目标，接下来就是制订详细的实施计划，也就是"Plan"的真正主体。但一个计划绝对不是依据目标而凭空生成的。比如，你的工作目标是"给城市居民设计现代公园"，你不能不做调研、一拍脑袋就去画，这样是自以为是，往往不能满足人们的真正需求，也就是看起来还不错、实际上毫无用处的设计，这是白费工夫的工作。

这时候，设计师最常做的一件事就是去调研、去走访，通过实地调查了解客观环境和居民的主观需求。这就是计划过程的第一步——调查并发现问题。

只有找到问题，才能分析并解决问题。事实上，我们的工作都是按照这个流程去做的，管理团队也好，实际工作也罢，都逃不出这个圈。而低效的原因就是这个流程不清晰，跌跌撞撞乱试一通，最后才找到有用的信息。但有了流程，你就能知道下一步该做什么。

比如，分析完，找到了关键因素，那就根据关键点来制订详细的实施计划。这个过程会围绕关键点来做，这样才不会舍本逐末，才能将利益和效率最大化。

（3）**合理预算（Budget）**。制订详细的实施计划，必须要做到最后一点，也是保障计划的实施不会出现差错的重要一点——合理的预算。如果你缺乏预算，实际上就是缺乏执行力，因为你的计划方案是根本无法实施的，谁知道在实施过程中需要花多少钱？需要用到什么？会不会是一个无底洞？能不能回本？

这些都需要在预算中说明。我之前去一家效率很高的500强公司交流，发现他们的预算方案要求达到了"变态"的程度，预算方案几乎要考虑到所有可能的情况，并且附有详细的报价和实施计划。他们告诉我，他们公司真的是"万事开头难"，做预算和计划能愁白头，但是一旦通过，实施起来就如流水一样高效顺畅。

合理的计划就是这样，开始麻烦，后面省事。这也是现代高效工作理念中一个重要的部分——必须重视计划，否则无法提升效率。

笔记课堂 制订计划时，分析问题才是重点

制订一个计划也需要有一定的流程，提出主题或明确目标的过程，也是制订计划的详细过程。其中相当重要的一个内容就是寻找并分析问题。

比如，如果你被低效工作所困，那么制订计划时首先要考虑的就是如何解决低效问题，也就是找到你过去在实施工作当中导致自己效率不高的问题。而要找到这个问题，就需要对现状进行分析。只有这样才能够切实地根据问题去改进自己的计划，知道要注重优化哪个方面。如果只是照搬别人的高效工作法则，而不是针对自己的情况改进问题，那么就还是没有掌握真正高效的方法。

计划围绕问题来，会更节省时间

前一阵，某企业的一个策划团队向我咨询，我发现他们身上暴露了一个行业的共同问题——只重视方法，忘了关注问题。

这个策划团队给我发来的计划写得很详尽，而且看得出来，他们应该在上面花了不少精力。这是一份跟优化流程相关的计划，不仅针对现状整理了原有的流程图，还标记了不少需要解决的问题，说明他

们已经在关注问题并且试图有针对性地解决问题了。

这是个很好的思维模式。但是他们咨询我的时候，却过多地关注通过怎样的专业手段去优化可以更加高效，而不是先去深入分析这个问题，这其实有些本末倒置。也就是说，他们只是看到了一个问题，下一步就开始思考如何解决，而不是针对这个问题提供详细的分析报告，没有挖掘出表层问题下真正产生影响力的因素。这样即便是提出了解决报告，也不是一个深入的、彻底的、一针见血的办法。

不去关注问题本身，而是想要套用方法去解决表层问题，是太多企业部门现在习惯的做法。这样的模式可能一时间看起来很好看，问题也能在短期内解决，但是不拔除根本的隐患，早晚还会出现类似的问题。

我提出要关注问题本身的建议之后，策划团队的领导者对我说："之前我们也想过这样做，但是针对一个问题深入分析需要很长时间，会花费大量精力。这样的投入老板未必会愿意，也不一定能看到我们的工作。"

可能就是因为这种"费力不讨好"的担忧，让他们可能有计划思维，却最终没有选择去实践。其实，这种担忧是否会出现不一定取决于老板，而是取决于你如何向老板报告。

"我想每个老板都更愿意看到从根本上解决问题，这一点不必担忧。你唯一需要做到的，就是如何用一份详尽的计划向老板证实——我们提出的方案是最一针见血的，付出的时间和精力是绝对值得的。"我建议道。

没错，只要你能给老板真正想看到的内容，就算多花费时间和精力，对方也不会不理解，这绝不是一个需要担心的问题。做计划就是如此，你的笔记和最终的计划越是深入问题本质，提出的有效解决方法就越有实施价值，一个有头脑的管理者绝对更希望看到这样的计划方案。所以，不管是审核管理团队的计划，还是自己做计划，都应该秉持着这样的理念：不要怕耗费精力，一定要分析探讨问题，对需要规划的内容了如指掌，并提出有效的解决方案。

在制订计划的时候，可以围绕问题关注下面几个重点内容和原则。

（1）**不要怕有问题**。很多人为了提升效率、解决问题而制订计划，却又恐惧发现问题，所以不自觉地在自己的计划中做掩饰。如果一个老板痛恨提出问题的下属，不愿意他们对现状有所改进，只想粉饰太平，那么他绝不是一个好的管理者，也无法带领一个高效的团队。

管理大师明茨伯格说过，"管理者有的时候更像是杂耍表演者，他们提出的各种问题就是表演者抛出的球，这些球总会落下来，然后再次被抛上空中，而在这个过程中，也会有新的球加入进来，有旧的球被抛到一边。管理也是如此，不断有新的问题出现，也有旧的问题被解决或者排除掉。"

做计划的过程也是解决问题的过程。我们之所以会做计划，主要是因为想找出一个好的方法去应对现实的问题，要从问题中闯出一条路，做出对我们比较有利的选择。而在这个过程中，我们不断提出新的问题，解决旧的问题，找到真正影响结果的重要问题，筛掉不必要的小细节，这就是做计划的过程。

所以，做计划不要怕有问题，越是有问题，就越意味着你有了创新、前进的突破口。

（2）**提出的计划应该注意结构，重点关注问题点**。很多人不管是做计划还是写报告，在结构上都不甚关注，所以经常大篇幅地去描述一个并不重要的项目或者公司不关注的点，这就是一种无效的工作。

真正的高效必须要一针见血，提出的计划、展现给别人的内容都是重点。比如，优化流程的时候，公司真正应该关心的是问题是不是找到了、问题分析得到不到位、有没有抓住本质，由此提出的解决计划和方案是不是合理、能不能做出效果来。

把这些内容写进去，你的计划才更有可行性，对团队、公司和项目都有一定的积极影响，不仅可以一步到位地让计划被通过，而且在审核时也更节约时间。这样的策划和报告是很顺畅的，合理的表达会让人立刻体会到高效率的感觉。

（3）**计划一定要分析现状，找出核心问题**。对现状进行分析，尤其不能回避问题，是做计划时非常重要的一点。我提倡大家用量化的法则去描述一个问题。

简而言之，问题一定要转化为数据呈现出来，量化内容可以更直观地反映问题。比如，某产品的市场占有率逐渐下降，要对这个产品进行升级换代，此时必须用大量数据来描述，它的市场占有率从多少下降到多少，什么时候下降得特别快，此时市场上发生了什么变化……确切的数据可以让人意识到问题的所在和严重之处，而且这些数据能明确告诉我们一些平时容易忽略的问题，方便我们找出产品被淘汰的根本原因。

所以，分析现状一定要量化数据，然后对根本原因进行讨论，不要总是流于表面。比如，产品被市场淘汰的事情不能简单地形容为"跟不上时代，理念老旧"——哪个理念老旧？是什么真正让它成为被用户抛弃的原因？用户的痛点在这个产品上体现在哪里？找不到这些原因，你的改进计划是起不到效果的，只是一些无用功罢了。

所以,高效的计划其实就是一针见血、一步到位,淘汰无效时间,做到专注分析、找出重点。

（4）**围绕可优化项提出解决思路,并对结果进行预估**。制订一个实施计划,其实就是通过有效的手段去优化问题,所以解决思路是实施计划的核心。如果没有解决方案,那么你的分析、你对问题的观察都是无效的前期准备,提出有效的解决方案才是真正做到了项目优化。

高效的项目优化需要思路清晰、解决方案切实可行,这样在实施过程中才不会遇到新的问题,才能够保证流程顺畅。同时,最好在计划里对结果进行一个合理的预估,这样在实施过程中可以逐步对照,一旦遇到问题也能够及时发现,并能时刻观察跟理想结果的差距。

做一个计划,就是要学会分析问题,这样才能找到需要优化的项目和方法,这是做计划的中心,一定不要忘记。

笔记课堂

将待解决的问题放在中长期计划中

一次有指导意义的实践计划,可能不会解决所有问题——毕竟没有什么工作是能够一蹴而就的,越是影响深远的工作越是如此。所以,我们需要将待解决的、这一次发现了却不能优化的问题也列入计划中,但不是这次的实践计划,而是一个单独的中长期计划。

这个中长期计划可以是你的年计划,也可以是公司的战略计划的一部分,总之一定要将问题写下来,并且留待之后解决,绝对不能因为这一次无法解决就将问题隐瞒。如果这样做了,一方面问题容易在后来被遗忘，另一方面也容易让你这一次的工作白做，最终都是低效率的表现。

日程计划别忘留点"弹性时间"

在确定时间表时，必须为每项任务设定一个最后期限。这个时限的长度应该是多少？如果时限设定得太长或太短，有什么负面影响？

完成时间过长，后果非常简单——无法实现有效利用每一分钟的目的。如果你设定在3小时内完成一个2小时就可以做完的工作，你将无法感受到紧迫感，并且不能提高效率。但是，完成时间较短是否足以刺激我们、成为高效的动力？不一定，也许它的不良影响比时限过长更严重。

"可能我的估计能力有问题，每次我觉得可以在1小时内完成任务，但总是推迟2小时，这导致我的计划无法完成。并且因为总是推迟计划，导致我错过了两项重要任务的完成期限，也让老板非常不开心。"

你有过这样的抱怨吗？有时你给自己的计划时间太短了，即便自己认为可以完成并激励自己完成，却还是无法做到；有时你相信自己可以按时完成任务，但由于各种紧急情况和意外而不得不延期，导致给人留下了"不准时"的印象……

发生这种情况，首先是你对自己的了解不够——你没有正确评估自己的能力。其次，你为自己设定的完成任务的时间太短。如果事情通常能在2小时内完成，而你的最佳状态是1.5小时完成，你应该设定一个怎样的计划呢？它可以是1.5~2小时之间的任何时间段，但绝对不能是1.5小时——因为没有人可以始终保持最佳状态。

如果你错误地高估了自己的效率，很可能会发现自己无法按时完成任务。

未能按时完成的结果就是在短期内扰乱了自己的日程安排。也许之后你还有一件重要的事情，但由于安排过于紧张而没有按时完成，你就必须从两个事项中选择一项优先来做，并延迟另一项。这就是拖延了，总是这样就不可能按时完成任务，而你的时间观念、对计划的热情也会逐渐消退。例如，如果一个人总是迟到，那再约定时间对他有约束力吗？一旦养成了拖延的习惯，设定时间限制来提高效率的想法将无法实现。

如何解决这个问题呢？首先是设定一个工作时间，根据自己的能力做一个紧凑而适当的安排。通过这种方式，不会让自己过于紧张，也不会过于惰怠放松。当我们的身体处于适度紧张状态时，对健康是有益的，所以一定要把握好这个时间段。

然后，确保在每次任务之间添加足够的"弹性时间"，或者留出一整个小时处理紧急情况。工作中很容易因为计划外的事件而打乱日程安排，这些超出最初预期的突发事件不可能列在日程表中，但它们的确占用了时间。因此，在列日程的时候应将这些突发事件考虑在内，给它们留下时间。

这就是弹性时间的一部分。除此之外，给自己留下足够的休息时间也是弹性时间，毕竟你总会因为长期工作而感到疲惫。例如，番茄工作法中"25 + 5"中的"5"就是弹性时间，可以用于休息，也可以用于处理意外情况。所以，一定要在日程安排中留出一些处理意外事件的时间，这样当意外情况出现时才不会毫无补救措施。

总而言之，我们需要在时间表上的计划之间留下一段短暂的弹性时间，除了这些碎片化的缓冲时间外，还需要每天安排出一段空白时间,为1~3小时不等,以处理重大紧急情况。比如,为临时工作做PPT、教新同事安排活动等,这些不是几分钟就能完成的事情。留下多少缓冲时间需要根据自己的日常情况进行判断,如果你是个经常遇到意外事件的人,那还是将这个时间规划得久一点吧!

对于那些一直很忙的人来说,设置这样一个空白的时间段非常困难。但当你真的这样做时,会发现让自己在工作中感到"忙碌"的问题恰恰是由这些意外事件引起的。人们越是把自己的时间安排得紧张,遇到意外时就越容易变得忙碌,如果将时间提前预留,一定能够抓住很多意想不到的机会!

弹性时间要写在日程上

我推荐大家将预留出的弹性时间记录下来,保证一天24小时都有安排——哪怕你的安排是娱乐、睡觉、吃饭和弹性时间,也是一种井井有条地规划习惯的表现。

为什么要记下来呢?很简单,在日程计划里,我们往往只会注意到那些记录了事项的时间段,却忽略了中间的空闲时间。比如,"8:00吃饭"和"9:30开始工作"之间有一个半小时,很明显超过了早饭时间,但这段空闲时间我们不会记录,最多只会注意到自己没有安排。

这时候,你很容易在发呆和空闲当中浪费了这段时间。可是,如果你将这个时间段写下来,哪怕只是空着,也会让自己意识到"这段时间有空闲,可以处理突发事件"。这样,当你遇到一些扰乱日程的突发事件时,就不会紧张焦虑,而是第一时间想到自己可以将事情安排到这段时间来完成。

如下页图所示,我会利用午餐前的时间去收发快递,而快递并不是每天都会有的。但是只要存在,我就会第一时间想到可以在 10:30 ~ 11:30 的这段空闲时间去做,而不是忽略这段空隙,反而占用工作时间。

独特的日程安排法则,让你的时间安排更科学

日常生活中,我们总会遇见那么几个"不靠谱的人",做什么事情都迷迷糊糊,从来没有准头。

学生时期,班上有几个学生上课经常迟到,被老师揪着耳朵在走廊里罚站,自己一点都不羞愧,还笑嘻嘻地冲班里同学做鬼脸;工作以后,等待对方发送邮件,经常是不催促不发送,一定会超过约定时间,让你不得不跟着推迟工作;与身边的朋友聚会,总会有几个迟到分子，让所有人等着，进门先罚酒成了他们的固定节目……

大家身边是不是也总有这种人呢？遇到他们，我们往往束手无策。他们并非完全没有时间观念，但总是要拖个几分钟，叫你气也不是，不气也不是，无奈得很。在他们的计划里，从没有用明确的时间来规划自己的工作与生活，一般都是"差多不几点""几点左右"或者"大概几分钟"。就是因为这几分钟的拖延可能不会影响大局，所以他们不以为然，依然在拖延的道路上一去不回头。

"没想到这件事会花去我这么久的时间""本来以为这件事一上午可以做完的，没想到拖了几分钟"……我们明明已经是有计划、有执行力的人了，为什么总是无法把事情做到完美？就是因为我们的计划还缺乏精细度，做计划是要精确到每一分钟的。

这就是我们要介绍的独特日程安排法则——**将你的日程安排精确到每一分钟。**

当然，这并不意味着你需要每分钟都在工作，但休息的时间也应该写到日程里。没错，就算你决定要午休一小时，这个计划也应该正式写下来。只有思考过何时休息、何时工作，你才能真正按照计划去做，而不是随心所欲。

千万不要在规划日程的时候产生下面的想法。

（1）这件工作只要在某个时间范围完成就好。一个"时间范围"直接将工作的时间轴向两边拉长了一大截，没有精确的时间，大脑就接收不到明确的指令。做事情的时候总是想着"大概几点完成就好，慢慢来不用着急"，心里没有紧张感、没有压力，做事自然就会慢吞吞，让日程计划失去了本来的意义。

因为每一件事情都计划模糊，边界不清，多件事情碰到一起就会慌了手脚，因为上一任务的拖延而耽误下一任务，一环一环全都被打乱。

（2）这件事情应该不会花这么久的时间。认真工作的人都希望自己能够按时、保质完成任务，但因为缺乏对计划的有效管理，总是顾此失彼。举一个很简单的例子，你知道自己下午三点开会，但你不知道自己上午做报告具体要多久，心里只有个模糊的概念，于是你在整个上午的计划里安排了很多其他的事情。结果乱七八糟的事情占据你太多时间，报告没有按时写完，为了赶上下午的会议，只能舍弃午饭时间赶报告。

所以我们常常会听到这样的辩解："我也没想到会花这么久的时间"。但工作怎么能随便推卸责任呢？计划表做得不到位就是问题的关键。

（3）才拖了几分钟，不影响结果。有些人为自己打破计划的行为辩解，表示拖几分钟不算拖。请将这话对着火车司机说一遍，看看他会不会等你？

列车时刻表是最能体现计划精确性的例子，每一趟列车的到站时间从来都是精确到每一分钟，而我们也常常会看到这样的新闻：因为某一趟列车的故障，造成其他线上列车全部延误。这也很直观地体现了工作拖延的后果。

一事拖，事事拖，不把计划精确到每一分钟，只会造成时间浪费和工作混乱。

所以，日程计划切忌笼统，一定要精确到每分钟，做个抓住时间的人。

做计划容易，做好计划难。一个成功的计划不但能帮我们提高工作效率，更应该帮助我们理清工作思路，合理利用工作中的每一分钟。

不规定每项工作的时间，只是笼统地罗列，这份计划表就无法起到规划时间、督促工作进度的作用。如果每件事都是大概的时间，做事随意性大，变动多，那么这一天的工作很可能会拖延，甚至压根来不及完成计划，一天就过去了。

在做计划时，不要只把一段时间内的工作按顺序罗列，还要把每项工作预计花费的时间、每项工作预计开始的时间都计算清楚。有时候我们不能清楚地估计出某件工作具体花费的时间，但应该知道截止期限，所以要以每项工作的截止期限作为精确的时间节点，做到心中有数，督促自己高效率做事，不要拖延。

想要做好工作，在职场中有优秀的表现，可以参考考试做题的计划方式，把自己的计划表做得尽可能详细，甚至精确到分钟，每一处小时间都不要放过，甚至休息的时间也要好好计划，以避免放松过头耽误了工作。坚持精益求精的态度，自然会有满意的结果。

日程计划一定要劳逸结合

如果是一天的计划，尽量把时间排满，主动让自己处于适度的忙碌状态。但一定要记住，这个忙碌状态是劳逸结合的。不给自己留休息时间——难道你以为自己是机器人吗？

劳逸结合才能让工作变得更加高效。如果担心自己过度休息而拖延工作，可以将休息时间也写入日程计划中。这样，休息时间也被严格限定了，只要你是一个有完成计划的积极性的人，就一定会愿意按照计划来适度休息，而不是过度休息去打破计划。也许日程计划无法每一次都完美实现，但只要大多数时候能做到，就意味着你成了一个会管理时间、会高效工作的人了。

自我检测
在笔记中做工作计划的小窍门

如果你觉得自己缺乏执行力,没关系,可以通过做工作计划来解决。

当我们没有工作计划的时候,面对烦冗的工作内容往往会产生"无从下手"的感觉,因为不知道从何处开始、先做什么后做什么,所以觉得非常麻烦,进而会直接产生拖延的想法——"不如先放一放,等有心情再做"。但是,如果我们能在做之前列一个工作计划,将每个事项的处理时间都安排好,就相当于铺就了一条执行的通途。

工作计划促使我们提高执行力,做计划相当于提升了执行的可能性,使事情做起来容易许多。能够克服这个"开始",后续的工作自然就简单了。但是要注意,工作计划绝对不能贪多,每次坚持只做一件事就好,不然计划就没有存在的意义了。

L小姐注重提高自己的工作效率,甚至专门学习过这方面的技巧。但不知道为什么,L小姐依旧没建立良好的工作习惯,她常常觉得力有不逮,甚至怀疑自己是不是能力不足,所以做什么都没有进步。

当她来询问我的时候,我仔细问了一下她的日程安排,发现她给自己做的每日计划实在是太"赶"了,经常在同一个时间段安排许多事情,这样不被压力困住才怪呢!

"没办法啊,外企的工作压力大,平时事情实在太多了,所以只能这么安排。"L小姐指着自己某天上午的计划这样说。

在这天上午,她一共安排了4个小时的工作,需要同时完成"周一的提案""差一半的计划书""向老板汇报一周的工作"及"找财务报销",这样并列安排的多项工作,让L小姐无法避免地开始犹豫和纠结。

"到底先做什么好呢?"当她的计划中同时出现了许多工作,她就会花费很多时间进行排列、比较,希望找到先做的事情。当她开始这么做时,就显得自己的工作特别多,自然会产生疲倦感。

"为什么你不将计划写得更加仔细一些呢?将这4个小时再细分一下,保证每个时间段只在完成一件事。"我这样建议道。

"这样有差别吗?"L小姐如此回答我。

这其中的差别可大了!我们做计划的目的就是为了让自己在执行时"放弃思考",不用去安排或犹豫该先做什么、后做什么,所以才能不假思索地执行,行动力自然就发挥出来了。如果在计划过后还是那么繁杂,在同一时段还是安排了许多工作,我们的目标就无法达成,这样的计划就是无效计划。

做工作计划的时候有一个重要原则——少即是多。在每个时间段应该做最主要的一件事,不要给自己安排太过繁杂的工作,这样会影响计划的执行效率。

少即是多,这个听起来有些"玄乎"的词事实上是许多职场精英挂在嘴边的词。有时抓住的信息越少,就说明这个信息越重要——前提是你抓住的信息是正确的。而能够做到既正确又简洁地总结信息,就说明你对自己的工作有深刻而清晰的认识,而且概括能力强、效率高,这样的人一般都是公司的中流砥柱。所以,我们也应该向少即是多这个方向努力,如果能做到终极版,那恭喜你,你的能力已经达到足够的高度了。

要想达到这个高度,首先应该关注计划里重要的信息,做到永远抓住重点。

一项工作最重要的部分可能并不是计划里占据篇幅最多的内容，所以我们很难以篇幅大小来确定工作是否重要，而是要根据自己的理解和认知来判断。千万不要因为一些信息篇幅较少，就完全将其忽略，转而只在意那些篇幅多的内容，有时你要完成的重点可能就因为这样的想法而被忽略了。

如果没有发现什么细节是重要的，再去根据篇幅大小来总结内容。

注意，尽量关注主要的几个点，不要过多地在意不必要的工作。

举个简单的例子，如果你的主题中有10个主要信息，其中2个信息占据整个主题将近80%的内容，而剩下的8个信息则是20%，而且这8个信息中没有你关注的重要内容，此时你应该怎么安排实施呢？是要将这10个信息都罗列出来，平均分配完成时间吗？

当然不是，只要将最主要的两个信息总结出来就可以了，剩下的可以适当舍弃，这就是工作中常见的取舍。千万不要因为剩下的8个信息等级与主要的2个信息相同，就一定要加上它们，从重要性上来讲，它们完全可以不在总结内容中。如果你都写上了，重要信息就一下子变成了10个，只会让不够重要的信息影响重要信息的存在，让人误以为它们都是同样重要的信息。

在同一时间段最好只安排一件事。

前面说过，同一时间段最好只完成一件事，这样我们才能更加专注、不假思索地去做事。如果安排的事情太多，那就将时间重新规划、让时间单位更小，即便规划到了每一分钟，也要保证当前事项只有一件——这不仅是为了看着有条理，更是为了让我们发挥执行力，如下页图所示。

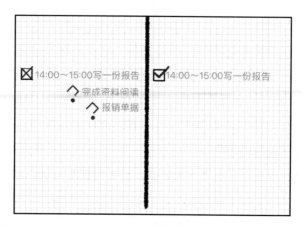

只有这样,你的笔记本才能起到提高执行力、提高效率的作用,否则设定的计划只会让自己越忙越乱,起到相反的效果。

下篇　笔记的实战演练

第 6 章　一团乱麻的时间安排，应该怎么改变
第 7 章　善用笔记拯救工作效率低下的自己
第 8 章　信息时代，我们的工作也能电子化吗
第 9 章　用 App 也能安排学习与生活吗

一团乱麻的时间安排,应该怎么改变

现象 没有目标的工作让我们焦虑

越努力的人,越想做得更好,内心的焦灼也就越深。那些深夜里辗转反侧睡不着觉的,往往不是知足常乐的饭馆老板、后勤小妹,而是最不安于现状的奋斗者。当焦虑累积到顶端,就会造成无法承受的压力。所以,努力所带来的焦虑并不全然是积极的。

有些时候,你的焦虑感不是来源于努力,而是来源于努力背后的"不确定"。你不确定自己的努力是否有效,不知道努力的目标是什么,所以是在"瞎忙"与"瞎努力"。因为明白这一点,所以缺乏底气,自然焦虑无比。

如果是这样的努力,还是尽早停止的好,因为它不会减轻你的焦虑感,也不会填满你空虚紧张的心,只会让你更恐慌。

这样的情况,我曾在无数刚进入职场或面临选择的人那里遇到过。因为新的环境让自己迷茫,完全找不到目标和方向,这种努力就会让他们无比焦虑。

小W就是其中之一。刚大学毕业时,他怀着满腔的热情一头扎进了某外企的市场部,摩拳擦掌地准备做出一番事业来。待了大概两个月,小W就发现自己可能并不是很喜欢这份工作,他以为市场就是调研、策划、写方案,是一种"创造",却发现自己所做的根本不是如此。

小W很茫然,但他也没什么别的机会,一方面自己所在的企业待遇好,他舍不得离开;另一方面则是职场新人不能太频繁地跳槽,否则会被别的公司排斥。所以,小W决定继续做下去。他想,谁都是这样过来的,做久了、习惯了就好了。

所以他依然很努力,只要是组里的活,他总是抢着做,把能做的都做了,每天都过得很充实。最忙的时候,小W一个人揽着三个项目,从白天忙到晚上。

但当他闲下来,让大脑可以清醒思考的时候,他常常感到一种空虚和焦虑感。他觉得自己在走一条错误的路上,离想象的生活越来越远,也不知道自己将来的职业规划应该怎样,但他无能为力。

随着他工作的时间越久,这种焦虑就越明显。他永远在忙,但永远只关注于眼前,就像饿极了的人,总是饥不择食,看到什么都愿意尝一尝。

但他身边有目标的人则不同,他们知道自己未来想走什么道路,所以忙得有计划、有目的。不管是有选择性地工作,还是业余时间充实自己,那些人总比小W少了一些迷茫、多了一份坚定。他们能头头是道地谈论自己的职业规划,也正在或多或少地向这个方向走去。

看到这种情况,小W更是感到焦虑不安,这种情况很快累积到让他难以忍受的程度，最后他选择了辞职。

辞职后的小W用了半年的时间去审视自己，并有选择性地学习一些东西，然后慎重地选择了新的工作环境。这一次，他明显感觉到努力变得更有"生命力"了，少了一些犹豫和不确定，多了一份自信与踏实。

很多时候，我们的焦虑来源于工作时候毫无目标、毫无计划的状态。就像小W一样，当别人都在有选择、有计划地工作，并按部就班地前行时，只有他东一榔头、西一棒子地忙着。这样的忙，是漫无目的的忙，虽然每天都看似很充实，其实并没有什么效率和成果可言。时间久了，自然会因为一团乱麻、做不完的工作而感到焦虑。

想要摆脱这样的焦虑，很简单——一定要有计划、有目标地去忙碌，这样才会真正充实起来。

设定合理目标，努力才不会带来焦虑

努力可能不会成功，但不努力……一定会很舒服。

这一口毒鸡汤，不知道毒死了多少青年的奋斗之心，让人直呼"扎心"。然而，能让我们心痛，说明这毒不仅剧烈，还很到位。的确，那些不努力的人似乎总是过得很舒服。

也许你已经月入过万、有车有房，是外人眼中体面的白领，是家人眼中逐渐坚实的顶梁柱，是朋友眼中年轻有为的明日之星。但是，只有你自己知道，焦虑感一直围绕着你。越是向上走，越是一直奋斗，就越是深刻地感受到这种紧张和焦虑，担心被超越、被取代，担心故步自封、令人失望……

要摆脱这样的焦虑，就一定要知道，努力不应该是机械性的重复,而应该是有思想的、灵活的。我们应该去做"聪明"的努力,明白努力的原因和目标,也知道努力能给自己带来什么。如果只是一味地闷头做事,当你偶尔抬起头来就会感到茫然,并因此产生焦虑。

就像一个人在道路上行走,如果既有方向又足够努力,那他的步伐一定很坚定,早晚会到达目的地;如果他迷路了,抬头时找不到前进的方向,那么一味地低头前行只会让他更加焦虑紧张,因为他意识到了自己离目的地可能越来越远。

所以,你的努力带来了焦虑,可能是因为你没有目的,漫无目的的努力是不应该被提倡的;也可能是因为你所设定的目标出现了错误,不仅没有让你更加高效,反而让自己陷入焦虑。不知道你是否也有过类似的经历呢?下面就来检测一下自己的计划目标是否有错误吧!

错误的目标往往有以下特点。

①短时间内需要完成的任务量太多;

②目标设定的任务太庞大;

③需要完成的任务太困难。

短时间内需要做大量的工作,往往会让你在取舍当中浪费许多时间,不仅提高不了效率,而且会让自己的心情变得烦躁,造成"工作特别多"的心理暗示。需要完成的任务计划太庞大,或者完成内容太困难,会让你在完成之前就产生抗拒感,下意识地想要往后拖延或者摆脱这份工作,这是很打击积极性的,而且对提高效率也没有好处。

现在你应该知道,目标越让人觉得力所能及越好,猛然给出一份庞大、高远的计划,反而容易让自己望而却步!在这种情况下,一个符合心意的计划目标,应该具备下面几个要素。

(1)**足够清晰**。努力的目标应该足够清晰,明确自己到底要做什么、要走什么路,而不是一个笼统的规划。比如,如果你像小W一样缺乏对职业的规划，至少要列出2个左右的备选项去了解，然后明确自己想做哪方面的工作，而不是笼统地以"工作"为目的。

如果你的目标是"升职"，至少要知道如何做才能升职，比如，工作中多注意哪些方面，要锻炼什么能力，或者要给公司带来哪些业绩。有了硬指标，就相当于驱散了这条路的雾霾，才好向着前方前进。

（2）**能够达到**。最令人沮丧和焦虑的不是没有目标，而是目标压根不能实现。一个自己都不相信能做到的目标，就不能给你带来安全感和确定性，向着这样的目标前进，总会感到焦虑。因为你并不知道自己能不能做到、自己的努力会不会被浪费。

（3）**乐于接受**。不要做违心的人，因为你无法欺骗自己。如果你发自内心地无法接受这个目标，也不能由此产生工作的热情，仅凭着习惯去努力，那么这种努力每持续一天，就会给你添一天堵，时间久了，即便不焦虑，心态也会变坏。这样的人并非没有，越是能忍耐、能克制的人，越是能保持着机械性的努力去从事自己压根不热爱的工作，而这无疑是对自己的一种折磨。

想要避免在努力之余产生焦虑，你得先接受你的工作，接受你努力的目标。不管是因为什么原因，真心热爱也好，为了丰厚的薪水也罢，或者是为了升职等，只要你有真实的动力，就算是乐于接受。

只有满足这些要素，才是一个能让你驱散"努力式焦虑"的目标，你才能在它的帮助下走得更稳、更专注。

合理的紧张感让你更加高效

在思考如何安排时间时，我一直想找到一种最高效的时间分配方法，能让我始终以一定的效率工作。最终我发现，当日程安排需要我们始终处于"紧张又不紧张"的状态时,这个时间分配才是最高效的。在你的时间管理笔记里,可以按照这个原则进行安排。

别紧张,因为一紧张,人的大脑就容易滞涩,很容易出现"一片空白、一转不转"的情况,发挥出十之六七的水平就算不错了;别不紧张,因为适度的紧张可以让人集中注意力,毕竟在紧张的状态下,很多人瞬间感觉自己"耳聪目明、过目不忘",甚至连世界都清晰了几分,这种状态如果可以保持,会给效率加分。

这种最佳状态可以称为"薛定谔的紧张"。在安排日程时,要留下这样的时间段,让自己需要稍稍紧张起来才能完成任务,又不至于因为很难达成目标而导致焦虑,这个范围是最佳的。

拿我自己来说,对于写稿这件事,在几年的摸索当中我找到了一个窍门,那就是在约定日期快过半的时候,写稿的效率是最高的。

最开始,我会在约定好之后就开始下笔,但一本书总是需要很长时间才能完成,所以每当我看到"最后期限"的红线还遥不可及时,内心就会升起一种放松感——放心啦,绝对能写完的。

所以,一旦我有了其他的乐趣,或者是临时的事务安排,我会立刻放下手中的稿子。如此一来,十天倒是有七八天都在做其他事情。

而到了约定日期过半的时候,对我来说是一种非常明显的刺激,我会意识到——天呐,时间过得这么快,已经快到交稿日期了!

这种刺激会让我产生一种难以捉摸的焦虑感,隐约催促自己要加快速度。所以,我会以更加专注的态度去对待,效率也会高很多。偶尔仔细读一读,会发现内容质量也高了不少。

而快到交稿日期的时候,如果还没有完成稿子,那种即将面临"最后期限"的焦虑就会越来越重,最终累积到令人爆炸的状态。我曾经因为毫无灵感而连续三天都没有睡好觉,焦虑到尽头,就变成了自暴自弃的态度——反正也完成不了，那就随便吧！

所以，这种焦虑过重的状态要么让我的稿子质量下降，要么就让我完全失去了按时完成的积极性，变得相当被动和懒惰。我想，这就是一种过度紧张的状态。

如果你是一个比较自律的人，完全可以通过给自己设定目标的方式去掌握自己的工作节奏，这样就不会受到外界因素的干扰，可以更好地掌控自己的"焦虑度"，让自己始终处于一个微紧张的积极状态，能一直去努力。

我在写稿时就会设定一个自己的"最后期限"，要比真正的完成日期提前一些，然后用这个日期来刺激自己，如果能按时完成，就可以给自己某些奖励。假如自己设定的完稿日期是10天后，那么从第5天时开始发力，就能很好地利用自己的努力心态去高效完成。

你也可以通过计划和日程安排来掌握适度的紧张感，让它变得可控。当然，这也是有一些小窍门的。

（1）**要想控制自己的紧张感，就一定要制订合理的计划**。千万不要用客观存在的目标去作为刺激紧张感的因素，比如，你的项目截止日期是3月5日，那么最好给自己设定一个提前的、能保证自己完成的目标，而这个目标的确定能够让你稍微有一点紧张感，又不至于手忙脚乱，这就可以了。因为有些时候，客观存在的目标可能会让人毫无焦虑感和紧张感，这样很容易迷惑你，让你的效率变低。

同样，如果你选择了客观目标来刺激自己的焦虑感，一旦出现什么问题让你难以在规定的时间完成，你的紧张感就会突然加重。比如，本来在3月5日前，你可以按照计划以微焦虑的状态完成，但突如其来的事情打乱了规划，你的完成日期缩短了，甚至有可能完不成目标，那你的焦虑就变得不可控了。

（2）**计划要张弛有度，紧张感不能时时存在**。在计划安排中，要分清工作和休息的时间与界限，在该休息的时候，要抛弃心中的焦虑感和紧张感。因为我们总需要休息，不能永远保持一种"战备状态"。而我认为焦虑感就是一种"战备状态"，它能够提高效率，让你不断努力，但也会耗费精力，让你不能全然放松。所以，休息时间一定不要让自己有任何焦虑感。

比如，想要享受一个全面休息的假期，就不要如同工作一样将每时每刻都规划得井井有条——除非你自己很享受这一点，这样才能真正放松。否则，你会发现休息比上班还要让自己疲惫。

（3）**根据自己的心理状况来改变计划**。我们对工作量的接受程度其实是随时变化的。比如，上午精力充沛，此时可以接受的工作量就较高，因为你相信自己能完成；但下午人的精神很容易疲倦，所以工作量就应该适当减少，否则你会因为完不成而感到焦虑。

所以，要随时关注自己的心理状态，按照心理接受度去安排工作，这样才能控制自己的效率。有些人总是将自己看作机器，做计划时不懂得关注自身，每次都按照最高强度去安排工作，常常出现做不完、着急又无奈的情况。时间久了，不仅习惯于焦虑和紧张，还容易在这种习惯中将"完不成计划"当作常态，这样的后果是一切规划都没有用处了，也谈不上高效率。

所以，你要对自己足够了解，将心态与工作完美结合，才能让自己真正处于那个完美的"薛定谔的焦虑"状态。

明白轻重缓急，主要攻克重点

导致工作低效的因素有很多，在工作过程中的任何一个环节出现了问题，都将导致效率低下。在这种情况下，我们应该如何去做呢？

介绍一个简单的方法——集中全力进攻重点。当所有人都按照这个法则去工作时，低效率的难点就容易解决了。

这要求我们在做工作计划时一定要明白轻重缓急，计划应该围绕着需要攻克的重点内容进行安排。

不管做什么事情都应该分轻重缓急，工作也是如此。每个人的工作不可能每一部分都是重点，一定要烘托最有意义的部分，抓住最吸引眼球的项目，而不是"雨露均沾"。记住，一定不要舍本逐末，而是要让有意义的选项"发光"，这样效率才能提升。

这要求我们在做计划时，要多将注意力放在重要的地方，选取一项有特殊意义的、较为重要的工作，投入更多的精力去经营，这样才能让计划更具价值。这就是运用自身的效率思维找到重点——知道先做什么、多做什么。

做计划不仅是在做加法，也是在做减法。学会取舍，能够选择最好的、最重要的点作为中心内容，才是我们最需要具备的能力。不要把时间浪费在琐碎的、没有意义的点上，一是耗费精力、降低效率，二是会在一定程度上干扰我们的正确判断。所以，把精力放在有意义的选项上，能使计划的效率更高。要让工作永远围绕着重点进行，需要做的事情还有很多。

（1）**要明白工作计划的中心是什么**。要找到计划的重点，也就是找到计划的内容中心，并且发掘最有价值、最有特色的地方，先做、多做，效率自然会提高。换句话说，这就是要求我们找到四象限法里面第一象限的内容——"紧急而重要"的工作。什么样的工作才是这样的呢？就是你要完成的计划中最有价值、最重点的那部分。

（2）**给重点工作多分配时间**。在日程规划里，重点的工作占据多少时间都是不过分的,一定要记住这一点。当你找到了工作重点,并将其按照轻重缓急列在最前面时,一定要给重点工作多分配一点时间。甚至可以给这样的工作多安排20%~40%的时间,具体要根据工作的重要性、是否容易出现意外情况来判断,然后压缩非重点工作的时间。

这个不是不认真,而是一种适当的、理智的取舍。一定要多关注重点工作,在计划里用更多精力去体现。

(3)**可以通过不同色彩的标注来突出重点**。找到计划的重点之后,可以在计划笔记中通过不同的色彩来标注,突出重点内容的地位。这样在工作时可以时刻注意到自己的重心在哪里,而且不容易忽略重点工作。很多人做的工作计划不错,但是计划完成的时候经常丢三落四,不是没看到就是在实际操作时因为缺乏实践而省略了。但如果省略的恰好是重点的工作,基本上就代表你的计划已经毫无用处了,甚至很可能需要重新再来,浪费的时间更多。

所以,可以通过重点的色彩标注来突出计划的重点,这一点也很重要。

学会用App来管理日程

不断有人告诉我,坚持每天记录笔记变得越来越难,原因很简单:在这个智能设备普及的时代,人们更习惯于使用手机或电脑来处理工作,而使用纸笔的人已经越来越少。尤其是在一些不方便携带笔记本、不方便记录的场合,也许一台手机或者平板电脑对我们的工作记录效用更大。

对于这个观点,我既不完全赞同,也不完全反对。之所以不完全赞同，是因为我认为用笔来记录工作和学习的过程是不应该被省略的。不管你是选择在纸上记录草稿，然后再整理为电子文档，还是直接在笔记本上整理出最终结论，都应该有一个下笔记录的过程。直接在手机或电脑上操作，很难像亲自动笔书写那样给你留下深刻的印象。所以，对于重要的工作或者需要深入思考的问题，一定要在纸上演示一遍。

但我也不完全反对使用电子产品来做笔记或写计划，因为只要用好了，它所能产生的效果和对效率的提升，都可能比用纸笔记录要好。

比如，当我们需要安排自己的日程时，就可以使用手机上的App来管理，不仅方便导入，而且随时随地都可以记录，避免了要随时携带笔记本的麻烦。

想象一下，使用合适的App来创建一个日程记录，就可以做到无论在哪里都可以随手编写、添改日程，这样不是很方便吗？有些人在需要记录日程的时候，可能临时找不到纸笔，或者找不到一个方便记录的地方，只能尴尬地到处找桌椅。但用手机来记录就避免了这个问题。

更重要的一点是，通过App可以让日程安排变得立体起来。不仅可以看到即将要完成的工作，还能听到——在你所设定的时间点，App会主动提醒你需要完成什么，这一点是纸质笔记本无法做到的。这样一来，日程笔记对我们的提示和约束就变得更强，我们可以更加主动地按照计划来完成任务。

现在有很多笔记类的App都可以帮助我们在智能设备上记录日程，如著名的印象笔记（Evernote）等，这些电子笔记的功能都很完善，所以使用起来大同小异。在其他的书中，我大多推荐印象笔记，但在这里，我准备介绍一个新的日程、清单类App——Pendo。多去尝试不同的笔记App，一定能从中找到自己最喜欢也是用起来最顺手的一个，所以我想借此机会给读者们推荐不同的App,让大家在实际应用中有更多的选择。

Pendo是一个专门的清单日程类App,当你打开它的时候,会发现界面的最下方提供了四种不同类型的选择——日记、笔记、待办和日程,如下图所示。如果我们要进行日程类的记录,一般来说,选择待办或者日程是最合适的。

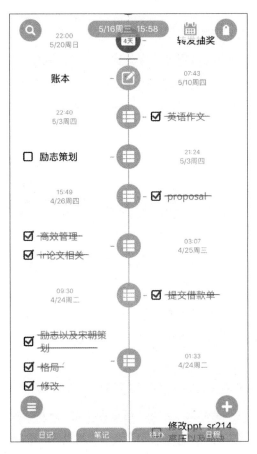

(1)对于比较重要、没有一定周期以及不具备重复性的工作,我会选择记录为待办事项,也就是下页图的第一条事项。

很简单，因为当你选择记录为待办事项的时候，你的工作内容之前就会出现一个选择框。当你完成了这项内容之后，只要点一下前面的选择框，系统就自动打上钩，这意味着你的这一日程已经完成。

（2）这有什么好处呢？很简单，我们来看下面这张图。

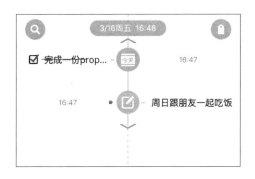

当你选择完成了日程,不仅选择框打上了钩,内容也会被自动划去。这样我们再看日程的时候就可以一目了然地发现什么工作完成了,什么工作没有完成,起到非常好的提示效果。

这种方式利用了我们内心对于仪式感的一种追求,很多人在习惯于记录日常笔记之后,都会非常重视完成一项工作之后划掉这一日程的仪式。因为一旦这样做了,内心就会升起一种满足感,而这种满足感可以变相促进我们进行自我监督,最终可以按照日程来工作。

(3)对于有确定的时间或者有一定周期和重复性的工作,我会选择记录为日程,因为日程的记录模式会自动摘取其中的时间,并将其体现在日程里,如下图所示。

比如,当我决定从周一开始在每天的下午5点钟跑步,我就可以记下这一日程。然后笔记会自动询问我是否从下一个周一的下午5点钟开始重复这一工作。

(4)当我选择了确定之后,再回到日程主页就会发现,以后的每一个周一都会自动添加这一日程,如下图所示。这样就避免了我每次重复记录或者忘记这一事项。

(5)日程的记录方式跟待办事项不太一样,日程体现了具体的时间。也就是说,你的待办事项可以在任何一天完成,只要是在规定的日程范围内就可以。但日程中记录的有具体时间的工作,一定要在具体的时间内完成。所以记录了日程之后,更需要让笔记App来提醒我们,这样就不必自己记着了。

如下页图所示,我选择将日程同步到系统日历当中,在我记录这一笔记的时候，App就会询问我能否添加到我的系统日历里。当我确认之后，手机系统就会自动在每天下午的5点之前提示我，接下来需要准备跑步。

（6）这种方式让我的日程安排变得非常清晰，即便每天要完成的工作很多或者我在接下来的一段时间内要记许多日程，也都能在主页当中一目了然地看到，如下页图所示。既避免了遗漏，也不会不知道自己应该先做什么。

这样不但解放了我们的大脑,还让我们不必因为琐碎的日常安排而耗费精力,从而可以专心地投入到每一项具体的工作当中,这与拥有了一个电子"秘书"没有什么差别。

App方法2　做好每日计划表,记得标注"行动等级"

前面讲过,一定要学会分清工作的轻重缓急,将主要精力都投入到重点工作上。如何将事情的轻重缓急体现在自己的日程计划里呢？非常简单，就是在记录计划的时候，标注一下"行动等级"。

标注的行动等级与四象限法是密切相关的。相信在做计划、列日程表的时候，大家都已经掌握了四象限法的使用方式，但那只是在纸质笔记上。如果四象限法和能够跟笔记类的App结合起来，将会更好地提高工作效率。

甚至不必选择专门体现四象限法的笔记App，不论是印象笔记还是Pendo，都可以通过添加标注的方式将工作分类。也就是在添加事项的时候，完全可以将它标注为"是否紧急或重要"，这就相当于给工作标注了行动等级。在具体工作的时候，只要按照标注的顺序去处理就可以了，非常方便。

下面就以印象笔记为例，来看看如何在笔记类App中使用四象限法。

（1）首先打开一个已有的笔记，或者自己做一个新的笔记，设定一条重要日程，暂且将它定为"下午两点开会"。在下页的第一幅图中你会发现，"下午两点"被标注了下划线，如果点击它，就会有"是否加入日历中提示"的字样。也就是说，印象笔记与Pendo一样，可以自行分辨文字中的时间。如果你想将日程提示也添加到系统日历中，可以直接点击确定，不用再单独设置。

（2）如下图所示，点击右边出现的符号"i"，可以给这一条日程添加标签，即标注行动等级。

（3）事实上，四象限法就是依靠这些标签来实现的。比如，你可

以根据自己写下的日程内容来考虑标签，将标签设定为"重要且紧急""重要但不紧急""不重要不紧急"和"不重要但紧急"，然后选择一个来描述这一日程，下图中选择的是"重要且紧急"。

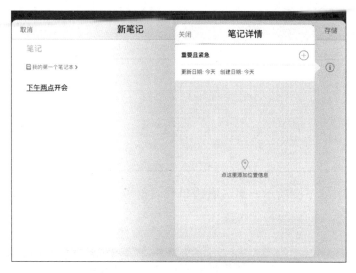

还可以将四象限法的描述方法直接替换为行动等级，"重要且紧急"的行动等级最高，需要快速、认真地去做；"重要不紧急"的行动等级其次，需要认真去做，但不必第一时间去做；不重要的两类工作行动等级再次，可以根据自己的情况来安排。这样，标签就成了"第一优先级""第二优先级""第三优先级"……

这样记有什么好处呢？如果标记为优先级，那么完成日程时只要比较一下级别，就知道自己该做什么、怎么做，不必再犹豫。有些人就算写下了四象限法，还是容易在"重要紧急"和"重要不紧急"中摇摆不定，或者纠结于是否先完成"不重要却紧急"的工作，这种人更适合用优先级来体现计划的重要程度。

（4）输入完毕后，标签会自动变成绿色条状，如下图所示。而且左边的笔记上方出现了一个标签的图样,并显示"重要且紧急"。

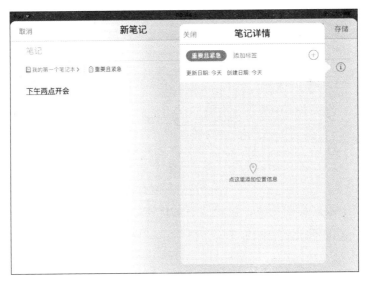

(5)在查看日程时,不必点开具体内容,就可以知道这是一个什么性质的事项,如下图所示。

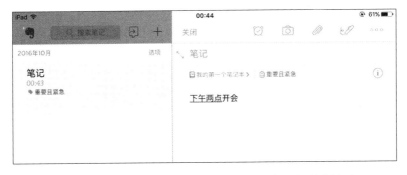

(6)还可以再给其他事项添加新的标签,如下页图所示。

(7)最好提前为笔记设定所有的优先级标签,这样在写新的笔记时就不必再手动添加标签了。下图中的这种情况,只要从中选择一个"象限"就行了。

你给工作标记了优先级别之后,日程管理也会变得更加容易。如果你需要在同一时间对工作进行取舍,就可以快速、果断地做出决定,不会因为犹豫而浪费时间!

App方法3
用番茄工作法,学会给自己一点压力

合理的紧张感可以提升效率,所以我们完全可以在日程计划上给每一个日程都限定好具体的时间。

比如,当你决定在今天完成一页论文报告,但又担心自己会犯拖延症,那么在记录日程的时候,就不要只写完成一页论文,而是要写"在某时到某时"完成一页论文。有了时间的限定之后,是不是一眼看上去就有了紧迫感?

通过这种给日程安排时间的方式,可以让我们的时间观念变得更强。如果你还是担心自己缺乏时间观念,可以在办公桌上放置一个小型闹钟——记得,一定要是闹钟,不要用手表或者手机。手表和手机在你不主动去看的时候,是常常会被忽略的。但闹钟不同,只要放在桌上,抬头就能看到。经常盯着闹钟,你就会自觉地监督自己,对时间有更深刻的认识。

当你习惯了在这些时限内完成任务的时候,就会发现自己的工作变得越来越高效了,因为你有意识地省掉了中间发呆、喝咖啡以及聊天等不必要的事情,自己也在逼迫自己提速。

当然,你可能会说:"日程计划表可能安排我在3小时内做完一件事,难道为了高效完成,我就要在3小时之中毫不停歇地做吗?"

当然不是!日程计划表只是规定了我们在某个时间段内要完成什么,并不是要求你必须每一分钟都集中精力地投入到工作中。你当然可以按照自己的方式去安排,既张弛有度,又能按时完成计划。

这种时候，我推荐大家用番茄工作法的方式来处理。将日程计划与番茄工作法结合在一起，既能给工作最合理的安排，又能让我们在具体实践时有合理的压力和效率，这是App高效工作中最实用的两种时间安排法。

接下来，我以一个典型的番茄工作法App的界面为例，为大家介绍一下如何使用智能设备来监督自己、提升效率。

（1）打开番茄工作法的App后，会发现界面中是一个25分钟的倒计时闹钟，如下图所示。当你开始工作的时候，只要按下"开始"，它就开始计时了。

之所以这么安排是因为番茄工作法采取"25+5"的时间管理原则，工作25分钟之后休息5分钟，每一个25分钟算作一个番茄周期。研究表

明，有些日程需要几个小时去完成，但人毕竟不是机器，我们的精力是有限的，所以在长时间的工作之后，身体难免会疲乏，会有一种精力不济的感受，此时就应该休息。而科学的安排办法之一就是按照一个番茄周期的方式进行划分，每完成一个番茄周期就休息5分钟。

（2）如下图所示，在一个番茄时间开始后，我们是有机会选择取消的，一旦点击取消，就意味着暂停了工作。但从个人角度来讲，我并不建议大家点击取消，因为25分钟是一个番茄周期，这个周期是不能拆开的，只有这样才能保证我们长时间集中注意力，并保证效率得到提升。如果你在用番茄工作法来安排时间和要求自己的时候还不断地中断工作，那番茄时钟就没有存在的意义了。你是在用番茄时钟来给自己监督和压力，所以一定要严格要求自己，绝不要在这25分钟之内做其他任务，否则你的安排就不能算作成功。

（3）番茄时钟的工作方法虽然高效，但是不能维持太长时间。一个番茄周期虽然是25分钟，但真正完成还需要加上休息时间，所以是半个小时。当你坚持完成了两个小时的工作，也就是在四个番茄周期内始终集中注意力的时候，就需要一次较长时间的休息。在这个番茄工作法App中，我们能开启长休息模式。一旦开启这一模式，每隔四个番茄时钟，就可以获得20分钟的休息时间，如下图所示。

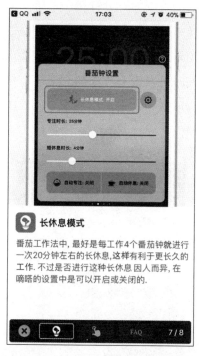

我想大多数人都需要这段休息时间，这样才算是劳逸结合。

（4）番茄时钟不仅可以施加一点压力，让我们在工作当中更加专注，还可以起到强制监督的作用。很多番茄时钟内都有一个类似的严格模式，如下页图所示。开启这一模式之后，你的手机界面只能够停留在番茄时钟的App中，不可以切换为其他App。这就保证了你在接下来的一段时间内无法玩手机，大大降低了被其他事项所干扰的几率，保证你可以更加专注。这是缺乏自制力的人非常需要的。

（5）在这个App中还有一个隐藏栏，可以将持续工作的记录保存下来，并且分类为"工作""学习"及"读书"等，如下页图所示。这样坚持一段时间之后，你就可以看到自己使用番茄时钟的累积时间，明白自己在工作上坚持了多久，在学习上花费了多久。

这种方式可以让你更加直观地意识到自己的努力程度，因为我们总是处于一种漫无目的的忙碌当中，每天真正学习和工作的时间并不算多，但自己又不清楚。有了番茄时钟的记录之后，就可以找到一个更直观的数据，明白自己每天到底做了多少事，这无疑能够提高我们的效率。

善用笔记拯救工作效率低下的自己

现象 走入"记笔记＝浪费时间"的误区

总有人向我抱怨,记笔记就是浪费时间,本来自己的工作效率就不够高,还要专门去做笔记记录,岂不是会比别人更慢?

这样的人就是走入了一个误区,他没有意识到记笔记所产生的正面效用,而是简单地将其等同于浪费时间的工作,我相信他们一定没有掌握记笔记的真正技巧,所以才会有这样的想法。

比如,之前有一位广告从业者跟我抱怨,他总觉得自己的工作效率不够高,甲方要求太多、工作太麻烦、每天需要处理的杂事一堆,导致他永远跟不上同事们的脚步,也总是给上司留下慢吞吞的印象。对于这样一个节奏很快的行业来说,效率低可不是什么好现象,很容易在竞争中被淘汰。

我建议他在做方案的时候选择用笔记的方式先梳理思路。任何一个提案或工作都不要直接开始做,先用草稿记录,或者用思维导图的方式捋顺思路，整理之前获得的大量信息，再正式着手开始。这样做之后，事情会变得容易得多，效率也要高得多。而且一些不必要的细节信息可以在之前被过滤掉，也就不会显得那么繁杂了。

但听了我的建议之后，他并没有觉得很有用，而是下意识地反驳说："本来我的时间就很不够用了，恨不得直接就能写出一个最终方案，现在你要我再去额外记一份笔记，重新梳理工作，我哪有这时间呢？"

我想正是由于他这种急于求成的态度，才导致自己的方案总是被甲方挑剔，并且总觉得工作当中有太多繁杂的事项要处理。因为他没有规划好自己的时间，不知道在事情正式开始之前所进行的准备工作才是体现思考、提升效率的重要一步。如果你的方案是在不经思考、慌慌张张的情况下完成的，甲方又怎么会满意呢？如果你不调查整理，又怎么会知道这些繁杂的事项里哪一个才是自己应该关注的重点呢？所以，在提升效率的过程中，用笔记来梳理思路这一步是必不可少的。

况且，在智能化办公的今天，我们完全可以把记笔记的过程搬到电子设备上，通过各种一键式的操作，让收集与整理工作信息的过程变得更加简单，让捋顺思路变成一件随手就可以做的事，并且比过去记录在纸上更省时间。在这种情况下，如果你还是狠心拒绝记笔记，那实在是有些固执了。

事实上，这位广告人后来很快就发现了自己的错误——当他看到自己的上司也在平板电脑上写写画画、花费大量的时间整理草稿并梳理思路时，就开始怀疑自己的坚持到底对不对。那些工作效率很高、看起来十分聪明又有资历的人，照样也在用记笔记的方法协助自己思考，你又有什么理由去拒绝呢？或者说，也许正是因为他们善于用笔记来体现自己的思考，所以才能如此高效地进行工作呢!

善于利用这些工具软件,让自己的笔记变得更加丰富,这样完全可以以记笔记的方式来拯救工作效率低下的自己。相信我,这绝对不是多余的工作,而是可以从根本上提升效率的捷径。

提升用笔记收集信息的能力

很多人做的笔记之所以对工作效率的提升不大,是因为还不够有效。当你的笔记中包含的有效信息越多时,你使用笔记的频率就越高。

比如,我在看论文的时候就习惯于将论文打印出来粘贴在资料笔记本上——当然,前提是页数没有那么多。然后,打印出的论文文字旁边就是我在笔记上记录的内容。之所以会整理在一起,是因为以后只要用到了以前的论文,需要查找资料,我就可以直接打开我的笔记本,不必再从其他地方寻找。

此时,笔记本起到了一个汇总资料的作用。当然,如果要凭借你的笔记本来提升效率,它不仅要汇总资料,还应该起到总结资料的作用。这就是一个让信息从少到多、又从多到少的正确记录法,每一本有效的笔记都要经历这样一个过程。

所以,你的笔记之所以不能帮助你提升工作效率,可能是因为你收集的资料不全,导致你的笔记体现不了重要性。如果你的笔记记录总是丢三落四,重要信息可能记在任何地方,你肯定不会第一时间想到去看笔记,这就无法体现笔记的作用了。而且这种东一笔、西一笔的记录方法,会让你经常找不到自己需要的信息,记下来了也不一定记得放在什么地方,无形中造成时间的浪费。这就是让笔记"从少到多"的过程没有做好。

当然,找到资料之后还需要筛选总结,让信息"从多到少",这样总结出的信息才是最有效、最高效的,下一节将会介绍如何做到这一点。接下来主要介绍如何在笔记中保证我们收集到的信息更全面,将"从少到多"的过程做得更好。

(1)**学会粘贴,将一本笔记当作剪报**。要整理大量信息,应该专门准备一个笔记本,进行初步的信息收集和思考记录。这样的笔记本更像是一本剪报,里面不仅有大段你自己的思考内容,还应该附有大量资料,从报刊论文到邮件提案,再到效果图、草图等,不论是文字还是图片,只要是跟你工作有关的信息,最好都整理出来粘贴在上面。

图文并茂、文字和资料对照能使思路更清晰,而且查找方便、效率更高,让你想要找任何内容时都会第一时间想到笔记。

(2)**学会补充,用好便利贴**。很多时候,我们已经写完了笔记,但还有零碎的信息会在后续阶段想到。此时,很多人都不会再把这些信息补充到笔记当中,一方面是没地方再写了,另一方面也是因为失去了记录的动力。千万不要这样做,你的笔记必须要随时补充,始终保证你收集信息的基础笔记本是最全面的、能包含你觉得重要的所有信息。

此时,可以选择用便利贴将补充的想法贴在上面。当你确定自己记录下的内容一定会被用到,而且文字不太多时,就可以将这个点记录在便利贴上,直接粘贴在笔记本中,而不必担心它多占地方了。

(3)**利用App整理邮件或资料**。总有一些资料的内容非常多,没有必要照抄一遍,也没必要粘贴在笔记本上,这时候怎么办呢?如果你的工作岗位总是要与大量的资料信息打交道,那不如将笔记的重心转移到网络上，利用电子化的办公方式来整理资料，或许会更有效。

比如，我的工作接触的资料不太多，但每一种资料都需要深入思考和精读，所以我会将其粘贴在笔记本上，动笔去诠释、解读资料，这样的结果就是思维更清晰、认识更深刻。但有些人的资料只是起到一个参考作用，需要进行泛读，平时接触的信息太多，所以更适合在电脑上进行归档处理。

很多时候可以利用App来一键化整理、归类资料，是非常方便的。关于这种整理方式的具体方法，我会在后面详细介绍。

其实，只要你有收集信息的概念，你的笔记本就绝对不会可有可无，而是会变得越来越重要，这是一种必然的趋势。这种习惯有助于让我们变成一个工作无遗漏的人，减少出错、提高效率，非常值得借鉴。

升级记录方式，筛选不必要的工作

记笔记对我来说是一个节省时间、提高效率的好方法，但对许多不会记笔记、不能灵活运用笔记技巧的人来说，笔记有时候会让他们浪费更多的时间。他们记的笔记越多，浪费的时间也越多，最终不仅效率得不到提升，而且会在不断的重复性劳动中丧失提升笔记技巧和工作效率的动力。不管从哪个方面看，这都是得不偿失的。

所以当你发现记笔记不能给自己带来正面效用，不仅记录时耗费了大量时间，而且产生的效果也不尽如人意时，先停止记录，反省并寻找自己可能犯的错误才是最重要的，千万不要一味地闷头狂记，这样可能会让你在错误的路上越走越远。

怎样记笔记才是正确的呢？如果说学生时期的笔记重点在于积

累,那么进入工作阶段之后,做笔记的目的就是将大量的信息压缩,只筛选出里面最重要的部分。

上一节讲过,做笔记其实分为两个过程,首先是收集资料,这是一个从少到多的过程;然后是总结整理,这是一个从多到少的过程。把这两个过程都做好,你的笔记才能发挥出最大的效用,你的效率才能得到提高。

在工作时期,我们更应该培养的是后面这个过程中的扬弃能力。因为在学生时期,我们学习的是别人已经筛选完毕、整理好的系统知识,书本上的逐字逐句都是重点,几乎一个字的废话也没有,这就导致我们在学生时期没有什么机会去做筛选信息这项工作。如果你整理信息的能力不强,最多就是你的学习笔记会记得比别人厚一些,但从根本上不会影响你的效率。

进入职场后就不一样了,你每天接触的信息中有大量是无效的,甚至可能还有错误的信息。这就要求我们有很强的敏锐度和分辨能力,能从中找出最重要的也是最真实的信息。

也就是说,筛选成了我们在工作时期要学会的最重要的技能。对于一个职场新人来说,要做到这一点非常难,所以很多人在这件事上花费了大量的时间。一开始都是这样,即使你在筛选信息时感到吃力,也一定要坚持下去,不要因为短暂的挫折就放弃了总结重点笔记的过程。因为一旦放弃,未来就会面临效率长期不高的状况。

原因很简单,一个不会筛选信息的人,找不到工作的重点,遇到任何信息几乎都要记录。我听过很多新人都这样说:"我也不知道这条信息有没有用,先记下来总是没错的"。其实这种态度没有问题,一个新人就是要不断地在无效的记录当中找到重点,走出自己的路,积累自己的经验。但我们不能永远如此,否则别人在进步,而你却只能在原地踏步。

长期将有效和无效内容混记，很容易让你的笔记显得杂乱无章，没有重点可言。在后续工作的时候，也不会再去回顾笔记的内容，很可能都不会翻开第二次，这样的笔记就变成了浪费时间的无效工作。

要做一本能让自己时常回顾的笔记，就一定要学会总结和整理。不管你有怎样的工作习惯，至少要准备两个笔记本，一个是收集资料的笔记，这一本记得越全越好；还有一个是进行总结筛选重要信息的笔记，这一本则要记得越少越好。越到后面你会发现，记录重要信息的笔记用到的频率越来越高，只有在特殊时刻，需要查找资料时，才会用到资料笔记。原因很简单，如果你不会总结，无法得出结论，这本笔记的易用性就不会特别高。

记笔记也是一个培养筛选能力的重要途径，因为记笔记就是将自己认为重要的内容写下来，将不重要的内容剔除的过程。

其实前面讲过的很多笔记法都在教我们如何筛选信息，比如康奈尔笔记法，最下面一栏就是总结栏，要求记录者将前面整理的内容重点写在最下面，最多不超过2~3行，要完成这个过程，就得筛选重点信息。记笔记这一过程在无形之中提升了我们的能力。

一定要记住，筛选信息很重要，所以在职场中要不断练习，并且要有这个意识，但更重要的是要坚持。熟能生巧，很少有人在一开始就能将工作重点把握得特别好，大家都是在学习当中不断前进的。所以，你要想在工作中找到正确的方向，找到记录信息、舍弃无效项、最终得出结论的方法，就一定要经过大量的练习。相信我，你所投入的时间成本一定可以得到更好的回报。

App方法1
信息化记录法，让搜索、摘抄一键化

在数字时代，收集数据变得更加方便和快捷。查询信息很容易，可以随时随地进行，而且在笔记中组织它们也非常容易——不仅可以在纸质笔记上打印需要的资料，还可以直接在数字笔记中汇总！只要找到合适的App，做到这一点并不难。伴随着移动互联网的发展，我们完全可以在手机上做到这一点，并且与PC端进行共享，随时随地都能办公。

可以想象，直接在电子设备上运行"搜索、摘抄"的过程要简单得多。事实上，目前的笔记App已经非常成熟，如果想直接存储收集数据，只需要一键式操作就能够达到目的。

在此之前必须记住，零碎的信息也应该有目的地收集。如果你的工作需要经常收集一些详细的信息，那么最好在App中设置一个专门用于"收集信息"的笔记本分组，然后根据收集的数据类型，将其细分为"工作""学习"和"旅行"笔记本等，并在笔记本中放置特定的信息笔记。

这就是一种有目的性的收集，你的资料虽然都是最基础的，但还是被整理划分在不同的小组里，想要查找的时候会变得非常方便。这就是用专用的电子笔记本来存放数据的好处。

记住，收集的资料一定要先单独存放。因为大部分信息属于第一手资料，未经过仔细筛选和扬弃，所以最好先将它们存储在收集信息的分组里，在整理、总结之后，就会对信息有一定的扬弃，最终整合出真正需要的内容。这样的总结性内容才是最重要的，而资料有助于

辅助理解和查找信息,二者都应该存在。因此,一定要设置不同的笔记分组单独存放。

下面讨论我们在工作中经常遇到的信息类型。

首先,我们需要收集的最多的就是电子邮件。在工作邮件中,经常有需要记录、下载和总结的重要信息,例如,提前安排的会议活动、重要的小组工作通知等。要找到这些重要的信息,需要先将它们收集起来放在笔记中,然后记录下来,这样效果会更好。如果是纸质笔记本,就必须先将这些信息打印出来,然后将其整理粘贴到笔记中,这种方式显然更复杂,但App笔记使这件事变得简单了。

以印象笔记为例,来看看该App如何收集邮件。

(1)如下图所示,设置一个印象笔记私有邮箱,有了这个邮箱之后,可以更加便利地将需要记录整理的邮件分享到印象笔记中。

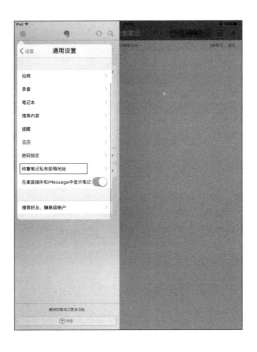

（2）只要点开私有邮箱，将其添加到联系人就可以了，如下图所示。这是你的印象笔记地址，可以单独将其复制下来，只要把你需要整理的邮件转发到这个地址，邮件内容就会自动出现在你的印象笔记中，成为一个新的笔记。这样一来，就真的做到了一键化收集信息。

（3）如下图所示，只要将邮件转发到印象笔记的邮箱地址就可以了！

（4）再次打开印象笔记，就会发现新的文件已经出现了，正是你刚才转发的那些内容，如下图所示。最妙的是，连邮件当中的附件都一并转发了过来，你可以查看任何信息，保证了收集资料的过程中不会压缩、错失重要信息。如果需要长期整理邮件，可以将印象笔记的地址保存下来，作为联系人即可。

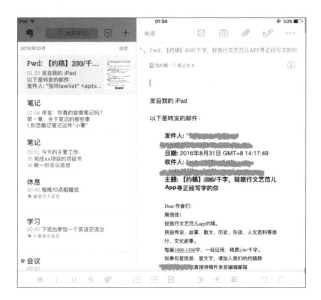

除了可以通过转发邮件来收集资料外，很多时候我们还需要在网上查找资料。过去我常用的办法比较笨拙，就是在网上找到资料后，将短的内容直接摘抄到笔记本上，长的内容复制或者下载下来再打印，最终整理到纸质笔记本上。但现在，我发现可以选择更好的办法，完全可以一键化转发网页，达到收集资料、摘抄重点的目的，具体操作如下。

（1）首先，停留在你想收集资料的浏览器页面上，保证你想要收集的内容都存在于一个屏幕中，如下页图所示。因为保存的内容其实相当于屏幕截图，如果遗漏了信息，就要再重复一次。

（2）然后点击右上角的分享键，会出现多个可以分享的App，从中选择印象笔记即可，如下页图所示。

第 7 章　善用笔记拯救工作效率低下的自己 | 157

（3）如下页图所示，印象笔记会弹出一个窗口，让你选择笔记本、笔记标签及确定笔记名字。提前设定好可以方便之后的查找，所以最好设定一下。记住，资料一定要收集在专门的笔记本中，我是用第二个笔记本来收集资料的，所以我选择的就是"我的第二个笔记本"。

（4）再回到印象笔记时，你会发现这部分内容已经被保存、收纳在你的笔记中了，如下页图所示。所以，你完全可以在收集完资料后接着浏览你想浏览的信息，因为收集资料这个过程已经做完了，不必再回来查看，非常简单方便。

（5）有时候，我们可能并不想收集一整页的内容，只想收集一段重要的话、一句中心思想而已。此时，可以在屏幕中长按，选择需要收集的内容并复制，如下页图所示。

（6）然后，点开收纳资料的文件夹，在其中建立一个新的笔记文件，将其粘贴即可，如下图所示。记住，一定要存放在专门的资料夹中，这是保证笔记简单有序、一目了然的根本。

更方便的资料收集办法，你学会了吗？

App方法2
如何做到信息共享，分享彼此的记录

在工作当中，学会信息共享是非常重要的。职场上不欢迎独行侠，有时候个人能力再强，如果你没有一定的合作精神，也不会是一个受欢迎的人。所以学会合作是相当重要的能力，一个有气魄的领导人未必在任何方面都强于自己的下属，但他一定是一个善于统筹和与他人合作的人。所以，提升职场能力就一定要学会信息共享。

记笔记也是如此，你所整理的资料、总结的要点，最好都通过一些方式与团队的人进行共享。当然，这种共享绝对不是单方面的，你决定将信息分享给别人的时候，你的合作者也会把信息分享给你，双方都可以从中获益，从彼此那里对自己的信息库和知识库进行补充。这就是为什么我们常说"1+1>2"了。

在这种情况下，普通的笔记本在信息共享这件事上的表现就不如电子笔记。原因很简单，当你将一份信息分享给别人时，如果是用笔记录的信息，由于只有一份，所以不太容易共享。而对方也需要通过拍照或摘抄等方式才能获取信息，耗费的时间比较久。但如果你选择分享一份电子笔记，往往就是一键转发的事情，相当简单快捷。

对于一些小组内讨论比较频繁、信息共享非常重要的岗位来说，他们甚至会建立专门的笔记群组，我甚至怀疑，这些人完全可以将笔记App当作聊天软件，甚至它还具备比聊天软件更加丰富的功能。

至少印象笔记就是一个使用非常广泛的软件，相当多的公司选择它为员工服务，就是因为在群组合作时分享资料、传达理念会变得非

常方便。

下面来看一下如何在印象笔记中分享彼此关于工作和感兴趣内容的记录。由于我在群组笔记上做过的工作比较少,所以这个演示可能不会有太多的资料,但我相信如果你有需要,一定很容易就可以摸索出其中的方法。

(1)打开印象笔记,可以在自己的账户当中看到"工作群聊"这一选项,如下图所示。当你选择要与别人分享信息的时候,往往需要先跟对方打个招呼,此时不必切换到别的软件当中,直接在印象笔记里发送即可。

(2)可以选择点击上图中右上角的"+"标记,就可以将需要共享信息的联系人添加到群组当中,添加页面如下页图所示。大多数时候我会输入对方的邮箱,这样如果对方没有注册印象笔记,一样可以接收到我的信息和文件。

（3）输入邮箱地址之后，我在分享文件之前给对方发送了两条信息。如果双方都用这款笔记软件的话，完全可以在这个群聊当中进行讨论，它与实时聊天工具的作用是一样的，如下图所示。

（4）在上图中，我的传送文件对象只有一个。事实上，我可以选

择多个地址，这样就会自动将这几个人拉入同一个群组当中，大家可以在群组中共同讨论，彼此互传文件，信息交流将会变得更加高效。

（5）然后我选择了一条自己要分享的笔记文件，通过点击上方的分享按钮，在弹出的对话框中可以看到一个"工作群聊"的标记，如下图所示。点击这个标记，接下来就可以选择适当的群组分享文件了。

（6）点击标记之后，在新弹出的对话框里，需要填写收件人的地址。因为我选择的群聊是双方对传，所以收件地址只有一个，如果你的群组中有多方，输入群组名称就可以包含所有人了。输入地址之后，还自动弹出了之前的聊天记录，如下图所示。

（7）然后我就将文件传送给了对方。如果想要查看共享的历史笔记，可以再回到工作群聊界面，点击右上方的"+"标记旁边的按钮，接下来群聊当中共享的所有笔记和文件都会显示在其中，如下图所示。

学会了共享信息之后，我们的工作可以在高效协作当中变得更加容易。做笔记也从一个单人的工作变成了大家合作的工作，你能感受到的乐趣会更多。

App方法3
制作电子思维导图，捋顺思路很简单

上篇介绍过思维导图的重要性，相信许多人已经在实践当中理解

并适应了思维导图，会通过制作导图来理顺自己的思路。但在实践之后，相当一部分人又产生了新的问题。

从大家的描述当中，我总结出三点问题，这三点问题是在制作思维导图时出现频率最高的，现阐述如下。

（1）缺乏一定的审美功底，制作思维导图时花费的时间很长。如果选择在纸上记录思维导图，那这个问题实在是没有很好的解决办法。就是要多练习，才能制作出好的思维导图，其实就是熟能生巧。为什么说熟练制作思维导图需要审美功底呢？这个问题一开始可能很多人意识不到，但真正实践的时候却被难倒了——制作同样内容的思维导图，在结构排布、内容安排上，如果缺乏一定的审美和预判性，就很容易将大量的内容都挤压在一起，而另一边则可能出现空白、记录内容稀疏的情况。

这样一眼看上去就显得非常不美观，一旦有了这种印象，对思维的刺激也会大打折扣。还有的时候，由于缺乏审美意识，会导致我们在画思维导图时，在色彩的运用上缺乏经验，使思维导图的色彩并不能产生令人愉悦的享受，反而从内心深处产生抗拒感。

由此可见，做一个有美感的思维导图是不太容易的。

（2）没有提前安排文字疏密，有的地方写不开。在安排思维导图时，要对内容有一个预判，但这种预判总会出现一些意外。一旦没有提前安排好空间，很容易出现文字排布不开的情况。但因为已经写在了纸上，所以就挤不开了，也很难更改。

（3）缺乏制作思维导图的条件。制作一份思维导图需要的纸张不能太小，如果页面太小，很容易导致系统性的内容记不下，失去了思维导图应有的作用。所以我们需要一张能够铺陈开大纸的桌子，还要有颜色丰富的笔，这样才能记录一张像样的思维导图。但在日常工作当中，有些人的办公地点是非常灵活的，可能他们有做思维导图的需要，但却找不到这样的环境，等到有了这样的条件，又不再需要思维导图的帮助了。这样的矛盾不解决，思维导图就不能在工作当中发挥其真正的作用。

关于这些问题我找到了一个办法，那就是制作电子版的思维导图。事实上，这样的App还真有不少，接下来我要为大家推荐其中比较有名的一个——XMind。采用这款软件来制作思维导图，制作的过程会变得简单很多，它自带的模板可以帮助你做出不同风格的思维导图。

如何使用XMind及其他同类软件来制作电子导图呢？

（1）打开软件之后，可以选择许多种类的思维导图模板，如空白模板、正常的发散型导图模板、结构导图或逻辑导图模板等。不同类型的导出模板体现不同的风格，你完全可以根据自己的审美习惯和要记录的内容来选择最适合自己的模板。

这些模板让思维导图的制作变得简单许多，也意味着你不必再手动去排布信息，不仅可以随时更改内容，还能帮助你呈现出最美观的导图。

如果你要体现的内容结构性比较强，就选择结构图；如果信息是按照时间线的逻辑来发展的，就选择时间轴导图；如果是从主干上分支的流程，可以选择树状图或鱼骨图……这些经典的导图模式都可以选择，如下页图所示。

（2）接下来我做了一张简单的思维导图主干，填入了主要的一级信息与一部分二级信息，如下页图所示。由于这个思维导图软件非常容易操作，所以如何制作主干，大家可以自行摸索。

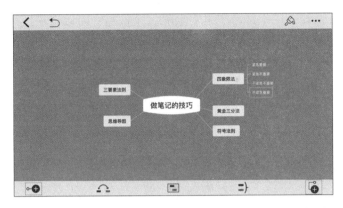

在制作这部分内容的过程中,我主要用到了上图屏幕下方的第一个与最后一个按钮。

(3)很多时候,我们制作思维导图是想要突出其中的系统性,所以在用笔记录思维导图时,可以通过不同的色彩来区分不同分支的内容,同一个一级分支下的内容以相同的颜色来记录。在这个软件中一样可以区分不同的分支,只要选择下图中屏幕下方中间的按钮,就可以把选中的内容及它下属的所有分支全都框在一起,起到整理和突出的作用。如下图所示,我将不同分支的下属内容都框在了一起,这样一眼看上去就非常清晰。

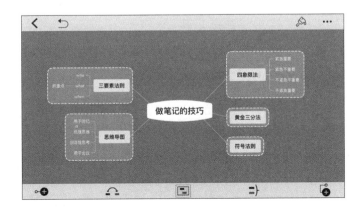

（4）选择下图中屏幕下方右数第二个按钮，可以轻松地总结想要概括的信息。如下图所示，我将"思维导图"这级分支下的所有内容总结在一起，结论是"简洁明快为主"。你也可以根据自己的需求，在系统中插入自己的总结，这最能体现出你对思维导图的思考。

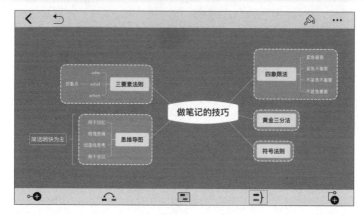

（5）除此之外，如果你想将思维导图中的两个要素联系起来，体现其中的关联性，应该怎么做呢？很简单，选择下图中屏幕下方左数第二个按钮，再先后选中你想要关联的两个内容，就可以将它们联系起来。

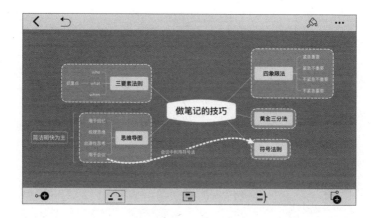

如上页图所示,一条虚线就将符号法则和会议联系在了一起。最有趣的是,我们还可以编辑它们的关系,从而记录自己的想法。

(6)如果你选择用其他的方式来制作思维导图也可以。比如,下图就是树状思维导图刚点进去时的模板,借助这个模板和上面所介绍的技巧,你也可以做出自己的思维导图。

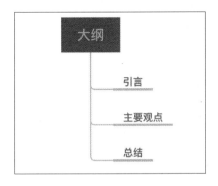

这些方法看似简单,其实已经将我们在制作思维导图的过程中可能会用到的方法都囊括在内了。只要你想,就能制作出合适的思维导图。

第8章

信息时代，我们的工作也能电子化吗

现象 / 无纸化办公的风潮正在来袭

伴随着科学技术的不断发展，无纸化办公的风潮愈演愈烈，信息时代，我们的工作似乎可以全部搬到电脑上完成，不必再体现在纸张上了。

几年前，人们还对这一趋势感到怀疑，不少人说："虽然邮件很方便，但怎么可能取代纸质文件呢？虽然办公系统互联网化听起来是不错，但日常工作存档还是需要写在纸上才放心吧！"然而现在，越来越多的工作已经被搬到了网上。

伴随着这股风潮，我们在工作过程中的记录也越来越多地借助于电子产品来实现。不仅如此，整个办公系统也开始互联网化。

前不久，我的一位朋友告诉我，他们公司的打卡系统已经换了方式，既不是人工打卡，也不是打卡机，而是改成了软件App打卡。

通过下载专门的打卡软件，只要拥有一台手机，就能实现上班打卡的目的。不仅省了人工，连打卡机的成本都省下了，这让我实在是大开眼界。

"这算什么呀,这些年财务系统也搬到了网上,任何流程直接在内网系统中填写提交就行。采购办公用品甚至不需要走报销流程,公司和某网购平台合作,直接下单就可以。公司的各种数据信息全部储存在电子数据库里,档案室中只有一份备份,现在查阅资料信息特别方便……"朋友这样说。

当一切办公活动都电子化后,工作也变得简单了许多。任何跟工作有关的通知都可以在邮件当中直接查找,方便快捷而且避免了其他通知方式传达不到位、信息传达不清楚的问题;如果需要查找工作的相关资料,只要去公司专门的数据库翻阅即可,直接从搜索引擎上查找的效率更高;如果要对工作进行整理归档,也不必再手写或者打印厚厚的文件,直接以电子文档的方式传递,并在会议上演示即可……工作,伴随着科技的发展变得越来越简单。

这就避免了过去在传播信息过程中所必需的重复记录,一个信息只要转发、收藏、储存,就可以直接归纳到自己的信息库里,不必再进行复杂的整理。而且,寻找信息也变得简单很多。要知道,充斥着资料的笔记虽然很有用,但也有一个无法忽略的缺点——信息越多,就越不容易在第一时间找到需要的内容。所以,前面介绍了很多将信息"排序"的方法,如按照时间线来整理笔记,都是为了快速找到需要的东西。

但不管多快,都需要花费一些时间。可电子化的办公方式不同,我们完全可以通过各种查找方式来匹配信息,筛选出自己需要的那一条。往往就是输入几个字再点一下回车键的工夫,就像你在搜索引擎上输入自己想知道的内容,它就能从难以计数的数据里找到你想要的东西,让你的效率更高。

因为软件的协助，让一些流程变得自动化、简单化，我们开始将更多的精力放在思考和创造性的工作上，一些简单的人力工作已经被电子化的软件系统所取代了。

这到底是不是一件好事呢？我个人认为这是非常值得提倡的。虽然一些人表示，这样的办公模式也让我们越来越少地拿起手中的笔，很多人甚至快不会写字了，这是一种习惯的倒退，是现代人应该注意的问题。但是一直强调记录、强调笔记重要性的我本人，并不排斥更加高效的办公方式，毕竟效率才是我们应该追求的东西，而不是简单的仪式。

只要知道在什么时候该用笔帮助自己加深记忆、深度思考，知道什么时候该借助信息技术来提升自己的效率，减少不必要工作，就可以在信息化过程中获得最大的收益，真正成为一个高效的人。

电子化的归档方式，管理更加简便

纸笔记录固然很好，尤其是在涉及需要思考的内容时，借助手和大脑的配合，大脑皮层将得到更加明显的刺激，思维也会更加敏锐——这就是为什么我们总是在写东西的时候脑子更清楚。

但是，当涉及大量的文件和信息时，你会发现纸笔记录有一个无法解决的缺点——不能随时找到自己要想的内容。

比如，当你印了十几本书那么厚的文件，想要找出其中的某一条来验证自己的想法时，你会怎么做？最简单的办法就是你对这些内容非常了解，自然是先看不同文件的主题，筛选出有这条信息的那一份，然后再从目录当中找到这条信息所在的条目，再找到对应的页码，从第一行开始找……这需要多长时间？如果信息量更多的话，是不是需要花费更多时间呢？

一个高效工作的人显然不应该这样做，一定有什么办法可以大幅度提升我们的效率。我唯一想到的，就是将这些纸张记录的内容搬到软件里面。当你整理出自己的数据库时，只要用好搜索，即便是一个关键词都能让你瞬间找到它所在的位置，而且比你的大脑记住的位置更加准确。

有人就提出过相关问题，他是做销售工作的，手里有大量的客户信息，有时候客户信息会随手记录在一个笔记本上，比如"某女士，电话***，住址**"等，但有的客户信息则会临时编辑在自己的手机上。最后他思来想去，做了一个专门的信息记录笔记本，一次次对客户信息进行整理归档。

查找起来虽然方便了，但要依靠自己的记忆找到信息的位置还是不太容易。更重要的是，他的客户每个季度都会变，这些变化的客户信息一旦更改添加，就很容易让他记错。

怎么办呢？后来我就让他将信息都誊抄在一个表格中，建立了一个自己的客户档案。这位销售年纪不小了，学习做表格、查找、筛选就花了他不少时间，这也是他之前一直没这么做的原因。但克服了这个难关之后，他发现查找信息变得容易多了，而且这份信息还有很多用处。比如，要请别人帮自己代一段时间班，只要将部分需要用到的客户信息发给他就行，不用再调动自己的笔记本，效率高了不少，工作也清晰了很多。

数据如果转化为电子信息，也更容易长时间储存。相信我，你绝对不会长期保留那些打印出来的信息或者使用频率不高的纸质文件的。如果这份文件你只会使用一两次，在某个时刻你就一定会将其处理掉，也许是扔进废纸篓，也许是丢进碎纸机。但储存为数据后则不同，你会长期保存它，一旦后面需要用到这些数据，就不会出现已经丢弃、找不到的尴尬局面了。

所以,一定要学会采用电子化的归档方式,将繁杂的工作内容全部转移到电脑上,这对我们的效率提升将产生更好的影响。具体做法如下。

(1)只要是需要用到的电子档案,都可以将其存储收集在一个专门的义件里,或者使用一个专门的软件来处理、总结。大到一本专业书、一份长期的企划案,小到一封邮件、一张图片,都可以将它们分门别类地存储在文件夹中,这样查找的时候就会很方便。

(2)养成使用软件记录信息的习惯。不管是印象笔记也好,还是其他成系统的笔记软件,我都用过不少。最大的感受就是,这些软件很方便随时记录,而且记录的内容在后续整理时也很容易查找、修改及归档。当然,缺点也有,至今我都无法在软件中得到书写能够带来的灵感,每次在软件上直接写内容,总是担心会遗漏信息。不过对于单纯的信息采集和记录来说,软件还是很好用的。

(3)将手写稿转化为图片,归纳到电子文档中。有时候我们总会将重要内容记录在纸张上,对待这些手写稿,再怎么重视都不为过——因为其中有很多都具有长期的指导性作用,需要一次次回顾。而一次次地翻阅让笔记本越来越破旧,记录信息的纸张还有可能会遗失。此时最好的解决办法就是,在记录之后找一个空闲时间将它们都拍成照片,然后传到你的文件夹中,这样也可以起到归档的作用。

做好电子信息的归档工作,你会发现效率提升是非常快速的。不仅在以后查找起来更加方便,对信息进行二次处理也得心应手。

寻找好点子,让小信息发挥大效果

在工作中,"创造力"成为人们更加重视的东西,一个有创意的、能够提出新东西的人，在任何一个职业都会有很好的发展，因为人们已经不再需要简单劳动了，有创造性的活动才能体现价值。如何在工作中提升自己的创造力呢？听起来好像不是很难，只要你能产生好点子，然后将创意转化为实际价值就行了。

但真的能这么容易做到吗？其实，很多人不是没有好点子，而是没有将"产生好点子"和"转化为价值"联系在一起。他们可能都有一些天马行空或有实际意义的想法，但这些想法最终没有落实到工作上，就导致他们的工作失去了创造性。

要想有创造力，首先需要经过一个学习积累的过程，你遇到的零碎信息、脑海中闪过的碎片化灵感，都可以将它们写下来，形成自己的数据库，积累创造力。

好的想法是怎么出现的？它们不是凭空而来的，通常来自于你对工作的深刻理解，来自于平时积累的灵感。前者只能由工作经验补充，后者则取决于你的习惯——是否会积累信息很重要。因此，必须学会积累思想和想法。

这时候，应该学会利用手机的备忘录，积累随时可能出现的好点子。能够保障自己随时记录的笔记本，必须是可以随身携带的，还有什么比手机更令现代人依赖？利用手机里的备忘录，可以随时用简单的语言记录下自己的好点子，回头再进行整理归档即可。

很多时候，想法是瞬间产生的，它可能出现在地铁上，也可能出现在餐厅里。如果不当场写下，它可能在下一秒就会被遗忘或忽略，这可能会导致你错过一个提升创造力的机会。借助手机的备忘录，就可以清晰地记录自己的灵感。

另外，应该学会专门去思考有创造性的点子。比如，每天留出10分钟，根据备忘录中记录的内容来进行头脑风暴。这不需要占用工作时间，也不需要在休息的时候去做，完全可以在上下班途中解决。

你在上下班途中都会选择做什么？

对于大多数上班族来说，上下班不是一件容易的事，尤其是在大城市工作。半小时的车程已经算是一种理想状态，一小时都不算太远。在此期间，大多数人都选择玩手机、发呆或者听音乐，做一些让大脑放松或者毫无意义的事情来消磨时间。其实，你完全可以在这段时间做一点事情。但不要去做需要专注的重要工作，因为嘈杂的环境对工作没有好的影响，效率也不高。而且，我们还是需要休息的，这段时间不宜进行太紧张的思考，否则一天下来你会觉得很累。思来想去，这就是一个很好的提出创意的时间段。

创意往往是在没有什么压力的情况下提出的，你可以天马行空地发表自己的想法，不用考虑太多、不必顾忌实用价值，它可以被认为是变相的放松形式。所以，在乘坐地铁回家的路上，我经常用10分钟来思考最近必须做的工作主题，并尝试尽可能多地提出不同的想法，哪怕这些想法看起来非常不靠谱。

之后，如果有灵光一现的好想法，我会把它记录在备忘录上。有时候因为记录不太容易，我还会采取语音录入的办法，总之先将信息保留下来，再去考虑如何处理。

这样做了以后，我发现上下班这段时间反而成了灵感迸发的时间段。因为我从一个狭小的办公环境当中走了出来，在一个较为开放的、嘈杂的、可能接触到更多信息的环境下，我的思维变得更加开阔。甚至有一次，我听到了身边的人在讨论某个专业问题，突然联系到我自己的工作，然后想到了一个新点子。我还留下了对方的联系方式，当我冒昧提出这个要求的时候，对方惊讶极了——他大概没有想到还能有人在地铁上找到合作机会吧！

这些都让我的工作变得有趣起来，反而因为放松提升了大脑的思维，变得更加高效了。

App方法1
用软件进行档案整理的简单办法

如果你的工作总是要跟大量的文件档案打交道，有时候整理好要处理的档案，将它们有条理地一件件做完，保证自己不会遗忘，其实并不是一件特别容易的事情。尤其是那些丢三落四的人，经常在期限到来的时候，被别人提醒了才发现——我还有一份提案没做呢！

这时就需要进行档案管理，保证自己在工作、记录的时候不会出现遗漏，也不会让自己的思路变得混乱。

怎么做到这一点呢？传统的方法一般比较简单，就是建立各种文件夹，分批管理档案。这当然是有好处的，只要将最近需要用的档案按照文件夹分类放好了，很容易在需要的时候将其找到，也明白自己应该按照什么顺序去工作，至少比不整理要好。

我经常看到有些朋友的电脑桌面上几乎放满了密密麻麻的文件。这让我很好奇，电脑桌面已经如此，那他们的整台电脑里该是多么"精彩"的一种状态啊！真的能随时找到自己想要的内容信息吗？

我的桌面则不同，不管是强迫症也好，还是整理癖也罢，上面列的图标不超过三行，而且都是最近一段时间要用到的。剩下的大量文献、资料及未完成的文件等，我都会标记日期之后放在分门别类的文件夹里面。

但还是会遇到问题。一旦工作较多的时候，如果我自己记不住要处理这份文档，就算它放的位置再清晰、再容易查找，我也不会想起来打开。

此时，我就会结合印象笔记进行文档管理，既起到收纳文档的作用，又能给自己一个提醒。下面介绍印象笔记对文档的管理方法和效果。

（1）当我打开一份义件时，编辑完后就可以分享到印象笔记中，对它进行归档整理。印象笔记就像一个邮箱，保证我可以在自己账号的任何电子产品上找到这份文档。现在，我已经将其分享给了印象笔记，如下图所示。

（2）在分享过程中，可以编辑在印象笔记中的笔记名称、笔记组分类及标签，如下图所示。有时我会选择标签，如"不紧急重要""紧急不重要"之类的，这样便于我对这份工作有一个直观的认识。

（3）然后，进入到我的印象笔记栏里，专门的文档收纳页面就会出现我分享的文档，如下图所示。这份文档以一个附件的形式存在，可以在笔记中继续编辑内容，方便对文档进行注解。

（4）下页图就是我对文档进行的注解，它既起到了整理文档的作

用,又起到了添加计划的作用。而且,总有一些文档有特殊要求,但要求又不能写在内容里,所以往往看过就忘了,这时记在笔记中就方便很多。

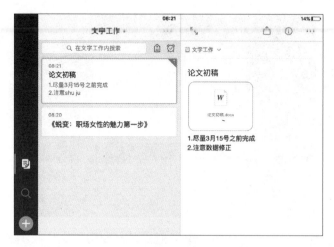

(5)文档还可以设置提醒,通过设置闹钟,可以在特定的时间段内提醒自己完成这项工作,如下图所示。这很方便,避免了我们忘记某些工作。

（6）如下图所示，如果文档工作完成了，还可以标记为"已完成"。设置了提醒的文档，在左边的缩略栏中也能看出来，右上角会有一个闹钟的标志，一目了然。

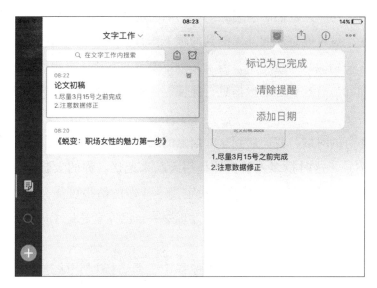

（7）如果是在电脑版的印象笔记中操作，可以选择在印象笔记里直接编辑文档，这样就更加方便快捷了。还可以将文档拖动到待办事项的清单下，直接在日程或清单安排中把文档附件插入进去，避免遗漏。

通过这些文档整理办法，可以将工作档案统一整理在印象笔记中。有了账户关联，你的任何一台智能设备都可以打开你的文件。同时，还可以永久性地保存一些重要的文档，防止它们在电脑中乱放，最终难以查找。

App方法2　善用备忘，随时记录零散信息

在工作中，我们总会遇到一些零散的信息。它们可能独立于整体而存在，也可能是你额外发掘到的跟工作有关的信息，这些信息规模不大，耗费的时间也不多，但未必不重要。这就让人很头疼了——如何整理并汇总这样的零散信息，保证它们不会被遗漏，成为困扰很多人的难题。

还有的时候，我们遇到这些信息的场合不是那么合适，没有条件随时记录，这时很多人就会选择用大脑来记忆。你的大脑也许很靠谱，但这并不是最好的选择，一定要这样做的话很可能会被大脑背叛。当你需要这些信息时可能会发现——自己完全忘记了内容，却还以为自己还记得。

这时候就应该善于运用各种备忘工具，随时记录这些零散信息。现在的备忘工具都非常发达，提供了许多常用的小方法，不仅可以编辑文字，还可以轻松地插入自己需要的图片、视频、扫描内容等。

比如，下页图就是iOS系统的手机自带备忘录，它可以添加很丰富的内容。而且扫描文稿跟单纯的拍照有一定差异，扫描文稿更接近扫描件，读起来也更舒服。

而在下面这张图中,我根据功能添加了一个表格。备忘录中经常有需要插入表格的情况,以前很难处理,现在连行列都可以随时添加修改。

所以，一定要将手机中的备忘录利用起来，它能够更好地帮助你记录零碎的信息。下面我给大家介绍几个简单的小窍门。

（1）可以用印象笔记来做备忘录。打开印象笔记，找到专门记录零散信息的笔记本，随时可以写下自己需要记录的内容。

（2）备忘录里可以插入语音，善用任何手段来记录。就像记者采访一样，有些信息我们来不及记录，只能口述，这样的语音资料也是非常重要的。所以，应该学会在备忘录里插入图片、视频或语音，这样可以更全面、更立体地记录你所需要的信息。可以选择手机自带的录音，也可以选择将语音直接作为附件插入到备忘录中，如下图所示。

（3）用好分享功能，可以将储存在系统备忘录中的内容整理分享在印象笔记里，如下页图所示。整理的重要性是不能忽略的，只有学会整理，信息才能发挥其整体性，从而起到意想不到的效果。

（4）在不方便打字的时候，善于运用输入法。我非常推荐下页图中科大讯飞研发的"讯飞输入法"，讯飞输入法有非常强的语音识别能力。我经常在不方便打字的时候使用它，它不仅可以将我的话转化成文字，还能安排好合适的标点，识别率高、速度快、准确率也高，基本满足了我的记录需求。

（5）使用讯飞输入法很容易，当你需要编辑的时候，切换键盘，找到讯飞输入法的界面。看到下页图中的那一排小按键了吗？点击按建底部中间的话筒状按键，就可以录音了。

（6）我选了普通话的长文本模式，如下页图所示。正常情况下，讯飞的录入模式是说完一句后，只要停顿久了就会自动退出语音输入。这适用于发送聊天信息，但有时我需要输入大量内容，所以长文本模式更方便——只要不退出，它就会一直摘录语音并转化。

（7）这家输入法公司还推出了自己的备忘、笔记软件，叫作"讯飞语记"，专门用于依赖语音输入的记录。打字慢、工作场合多变、不容易记录笔记的读者，可以考虑多用这样的工具来弥补。

如果能够用好这些零散信息的记录法，就一定能具备将所有信息都收集起来为自己所用的能力。

App方法3　　知识需要管理，建立合适的标签栏

我经常选择用印象笔记来完成工作，很多人都说它其实不是一个

电子笔记，而更像是一个电子图书馆，这一点我非常赞同。没错，它的功能更偏向于整合信息，而不是简单的记录。

相比之下，我觉得微软出品的"OneNote"在记录笔记的时候界面更加友好，如果有机会，我会专门介绍如何利用好它，因为很多人并没有真正将笔记软件的功能发挥出来，所以才会觉得它们都不太好用。

但现在我们要做的是，发挥印象笔记本身十分强大的"整合信息"能力。当你选择将信息都储存在印象笔记中时，就相当于建立了一个属于自己的工作图书馆，只要以合适的方法去查找，就可以在工作时找到一切自己想要利用的资料。查找就成为非常重要的一步。

可以通过添加印象笔记标签来提升查找效率、保证整合的系统性和条理性。比如，按照轻重缓急给清单分等级，然后通过不同标签来区分。这样一来，不管是筛选还是查看都更加清晰。

为什么要注重标签管理呢？如果你可以插入系统性的标签，一定会体会到如下优势。

（1）印象笔记中可以插入的标签数量很多，在账户中的上限是1000个。你完全可以根据自己的需求来插入标签。

（2）标签方便查找。下页图就是我在全部笔记的范围内点击了"筛选"项，如果添加了标签，我就可以选中自己想要筛选的标签，再出现在列表中的笔记就都是这一标签栏下的了。

（3）一个笔记的标签可以不止一个。印象笔记的标签是可以在不同系统之间互相嵌套的，能够设置不止一个笔记标签。比如，你的笔记内容属于"项目一"，但它同时又是"重要紧急"的信息，还是"资料"，那就可以将这三个标签嵌套在一起。

如何设置属于你的印象笔记标签呢？可以按照下面的原则去做。

（1）标签尽可能地不跟笔记内容重复。如下页图所示，我的笔记内容是与实验步骤有关的，但内容中并没有提及到底是什么实验以及"实验"二字，所以我添加了这两个总结概括的标签。

为什么要写这两个标签呢？当我想找"实验"相关的信息时，可能会运用笔记的搜索项，但这条笔记虽然内容与其有关，却没有出现匹配字眼，不容易被搜到。在这种情形下，添加"实验"标签，我就可以顺利搜索到了。

（2）标签主要是为了帮助你分类和查找，所以不要做多余的工作，如果是笔记内容中已经包含的字眼，再写入标签用处就不大了，因为直接搜索就可以了。

（3）标签应该成体系。当你建立了标签之后，如果想用它更好地将笔记分类，最好是成体系地划分。比如，设置一个功能性标签体系，内容为"工作""读书""生活"及"旅行"等，这些标签是一个体系；又比如，设置笔记的重要性体系，按照四象限法来分类，如下页图所示；再比如，设置工作中详细的用法体系，如"文档""PPT"及"资料"等。

有了体系，将更容易养成用标签整理的习惯。

（4）可以在标签中添加一些特殊符号来强调，如下图所示。比如，微博会用"#"来作为一个话题内容的标志，我也会在标签中用"#"来强调某一主题。如果是需要添加合作者名字的工作，我可能会在名字前输入一个"."或者"@"。一方面是为了强调，另一方面这样的特殊符号可以帮助我查找。比如，当你想不起某个人的名字时，也可以用"@"来搜索你的笔记。

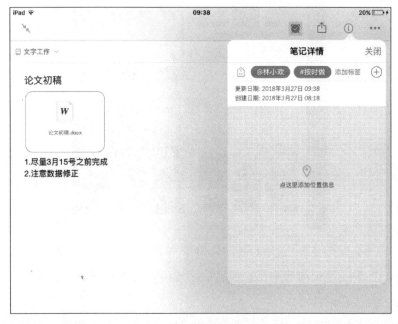

在标签体系里，一切都可以被整理得很简单。它就像图书馆里书籍的入库号一样。如果没有这些编号，我们很难准确地找到书本的位置。所以，制作标签的重要性可见一斑。

第 9 章

用 App 也能安排学习与生活吗

现象 工作时间之外,也需要"仪式感"

仪式感是非常重要的一种东西。工作的时候需要仪式感,比如,建立一个严格的日程,这个过程就会给你带来仪式感,让你体会到"我需要认真完成工作,因为我要遵守日程规定"的感觉。每天坚持打卡也是一种仪式感,打卡的动作给你一种暗示,让你决定坚持去做这件事并且绝不能中断,从而间接督促自己坚持。

仪式感是很重要的。它是一种虚无缥缈的感觉,但是有了它,你就会觉得有了使命,做事的劲头就不一样了。仪式感不仅工作中需要,生活中也需要,如果你想让自己的生活被安排得丰富多彩,让自己更有生活的激情,就得有一些仪式感。

有些人总是很难管理自己的生活,他们总是羡慕别人永远都有满满的活力,永远都能够以最好的状态去面对生活中的所有事,就是因为他们缺乏一定的仪式感,所以他们对自己的生活缺乏重视,常常提不起精神。

这时就需要一点仪式感，让你的生活变得更加丰富多彩。同时，让这种仪式感刺激你那颗觉得生活乏味的心，让它重新跳动起来。

在这之前，也许你需要了解一下什么才叫仪式感。

喝茶是一件很有仪式感的事，在东亚茶文化的影响下，我们十分重视喝茶这件事，一个专门的喝茶场所往往充满着古风古韵，两个人相对而坐，桌上琳琅满目，全是独特的茶具，再加上以特殊的手法去泡茶，在悠扬的音乐当中，品味茶香，品味茶味，你会发现原本简单的喝茶行为立刻具有仪式感了。这种仪式感会让你觉得自己必须要专心对待这件事，必须要将这件事做好，才配得上这样好的气氛。所以，在专门的茶馆里面喝茶，往往会觉得茶更香，觉得自己的精神得到了更深的抚慰。

古时候读书也是一件很有仪式感的事，对待自己喜欢的书，在读之前往往需要焚香净手，经过一番仪式之后再展开书页，仿佛能够闻到一股独特的香气，立刻就能体会到知识的可贵，也就更能专心致志于读书这件事了。

所以，你的生活也需要一点仪式感，才能让你更好地沉浸于生活当中，以一种新的态度和眼光去看待那些平凡的事情，让自己过得更认真。我的建议就是，用日程、计划和笔记来管理你的生活。

我有一个朋友小P，非常喜欢在旅行之后用大量的时间来整理自己的行程、照片和各种票据资料，然后发到网站上。他写的游记非常受欢迎，阅读量经常过几万甚至过几十万。我问他："你是不是想做一个旅游博主呀？"

小P笑了笑，说："我没有那么大的目标。我就是想分享一下自己的旅行，这种方式让我觉得特别有仪式感，让我觉得自己真正记录下了自己的旅途。开始只是为了好玩,后来就开始认真去做了。"

小P写了这么多次旅行记录,最大的改变就是他开始更加认真地对待旅行这件事了。每次旅行之前都会做详细的分析和规划,保证自己能在短时间内玩到最好。在当地旅行时,他也很注意去观察那些美好的东西、记录令自己有感触的事件。

他说,以前不写游记,过不了多久就把这件事忘记了。甚至有一次,同一个地方去了两遍他都不记得了。这样的旅行在他看来是很令自己遗憾的,因为什么都没记住。但是写了游记之后,他就开始对旅行上心起来,会琢磨怎样玩更好玩、怎么走更省钱、怎么拍照更好看,旅途反而有了亮色。

爱上旅行,竟然是先爱上写游记,我有些哭笑不得,但是又产生了一种羡慕——一个在生活中也有仪式感的人,原来可以把普通的旅途也过成别人的人生。

所以,我们也要学会用工作的态度去认真对待生活,不管是放松、旅行,还是学习、购物,都要注重仪式感。

挤出时间海绵里的水

每个人在学生时期都曾经注意过走廊里的名人名言,其中有一句话是鲁迅先生说的:"时间就像海绵里的水,挤一挤总会有的。"

将时间比作海绵里的水,并不意味着时间可以像海绵一样随时变换,我们所拥有的时间仍然是有限的,但所能利用的时间却不一定相同。大多数人在工作当中都忽略了一些零碎的时间,如果能够将这些时间利用起来,就像是攥住了时间海绵一样,会发现还有很多可以提升效率的空闲时间。

早晨出门前，漂亮的姑娘多花了十分钟挑挑衣服，化化妆。看似不经意的时间，有些人却用它来做几项简单的运动，既能锻炼身体，还会让接下来的一天精气十足。

中午快要下班时，看一看表还有十几分钟，有些活跃的人已经关上电脑和同事商量起午饭吃什么？有些人却抓紧读了几封邮件，安排好了下午的工作计划。

时间是一分一秒走过的，每一秒都有它的使命与意义。生命短暂，如果轻易地浪费时间，就是在浪费生命。

挤出时间海绵里的水，其实就是要学会利用空余的时间，学会利用被浪费掉的那些零碎时间。如果能够做到这一点，相信你绝对可以大幅度提升自己的效率，哪怕你的实际工作并没有变得更快。

做好笔记，可以帮助你强化自己的时间观念，帮助你挤出时间海绵里的水。

首先，要重视日程计划，一定要将自己的每一段时间都严格地规划起来。最好进行无缝衔接，不要给自己留下浪费零碎时间的机会。而且，当你对自己的工作效率有了一定的了解时，制定的日程计划就会更符合自己的效率，千万不要留下太长的空闲时间。当你制定的计划时间比自己的完成时间要长很多时，就相当于给了自己浪费时间的机会。

举个简单的例子，本来可以在2小时内完成的工作，你给自己留下了3小时。在这种情况下，你会缺乏紧迫感，可能会导致2小时的时间拖延到2.5小时；你可能会认为完成工作之后的0.5~1小时的空余时间太短暂，再加上已经进行了忙碌的工作，所以难免想要拖延或者休息，这段时间就很容易被浪费掉。这就是将一个原本可以利用起来的整体时间，硬是划分成了零碎时间，结果导致自己不够重视。所以在做日程计划时一定要按照自己的效率来安排，不要将大段的时间变相分割。

其次，一定要改变自己的观念，即便是空闲的时间不太久，也要给自己找一些事情做。此时你就可以抓住这样的零碎时间来给自己进行一次头脑风暴，既保障了工作效率，又能够提升时间的利用率。

比如，随身携带一个便携的笔记本，或者利用合适的笔记App，在短暂的10分钟空余时间里思考一个关于工作的问题，在笔记上记录你的想法。或者可以利用智能手机或平板电脑，在空闲时间里回复一封邮件、整理自己的日记或日程、写一张思维导图式的工作总结……

这些在短时间内就能完成的工作，完全可以利用便携的工具，在每一个短暂的空闲时间内穿插进行。

为什么我强调可以利用便携的工具，比如智能手机呢？因为我们在空闲时间最常做的一件事就是玩手机，手机始终存在于我们身边，是最方便拿起的物品，在生活中出现频率最高。而且手机的功能比较复杂，我们可以在上面看新闻、玩游戏，还可以与别人聊天，所以现在越来越多的人将大量的零碎时间都耗费在玩手机上。有趣的是，因为这样的零碎时间太短，所以他们不会利用这段时间去玩游戏或者做一件自己感兴趣的事，往往只是下意识地捧着手机，刷一些并不感兴趣的新闻，消磨掉这段没有工作的时间而已。

在这种时刻，如果我们可以利用手机去做一些简单的工作，比如比较轻松的笔记总结或简短的交流等，就避免了让手机成为消磨时间的帮凶。由于我们总在空闲时间习惯性地去关注手机，所以在手机上安装的工作App利用频率就会很高，相当于变相提示我们可以把零散的时间利用起来。

最后，一定要改变自己，善于利用生活中琐碎的时间去工作，你的效率一定能得到提升。尤其是对那些觉得记笔记是多余工作的人来说，你完全可以将记笔记放在琐碎的时间里进行，本来这些时间会被你浪费掉，但现在培养起记笔记的习惯，既能够梳理思路，又不会占用其他的工作时间，岂不是一举两得？

我一直在强调要善于利用生活中的琐碎时间，但可能从前的你并没有发现自己生活中还有哪些时间可以利用，好像每天都在连轴转。那么从现在开始，细心留意自己每天的生活习惯，必要时还可以记录时间节点。

比如，计算上下班路上花费的时间，走路多久、坐车多久，可以用坐车的这段时间来安排自己的事情。想学外语的人可以背单词、练习英语听力；想塑形的女孩们在车上不要坐着了，可以学几个简单的动作，垫脚、抬腿，紧绷肌肉锻炼自己的腿部；工作繁忙的上班族完全可以利用便利的手机软件来写写报告、收发邮件。总之做什么都比坐在那里看小说、刷网页强。

当你仔细去观察，会发现这样的零碎时间在一天中真的很多，往往都被不经意地浪费掉了，如果利用起来，生活一定会有不错的改变。

习惯性地整理你的生活

我遇到的很多人都可以很好地安排自己的工作，但他们却缺乏对生活的安排。所以，他们的工作可以做得很好，但生活却经常是一团乱麻。

我见过太多姑娘，表面上看光鲜亮丽，平时工作井井有条，但一到自己家里就变成了"懒姑娘"，脏衣服堆在角落，周末经常忘记吃饭，蓬头垢面地生活，而且对自己的兴趣、娱乐、学习和旅行都毫无兴趣、毫无规划，感觉就是"过一天算一天"，以消磨时间的态度来度过自己的生活。

你会因此感到快乐吗？不认真生活的人只是认真去工作，应该会觉得生命中更缺乏乐趣、压力更大吧？如果我是你们，我就会安排好生活中的事项，将自己工作之余的时间也打理得井井有条。

我们公司有一个非常特别的女职员小C。因为职位不高，所以她没有独立的办公室，而是和其他人共用一间。但即便是同一规格的办公桌和工作用品，小C的座位也是与众不同的。她的东西永远都摆放整齐，所有资料都规规矩矩地用夹子分门别类地做好标记，摆放在各自的位置上。哪怕是最忙碌的时候，别人的桌子早已乱七八糟，根本没有人有心情去收拾和打理，小C也会抽出一点时间，将自己的区域打扫得整整齐齐。当你坐在她的椅子上会发现，这一片的空气好像都比别的地方更清新，阳光也更耀眼一些。

有一次，我无意间坐在了小C的椅子上，突然感觉她将自己的一亩三分地收拾得如此整洁，实在是别有奇效，我莫名其妙地升起了一种心情舒畅的感觉，更愿意去工作了。于是我问小C："你做任何事情都是这么认真，这么精致吗？"

"并不是精致，我只是想让我的生活品质更高一些。"小C有点无奈地说，"毕竟人生已经这么艰难了，既然没有人为我们创造惊喜，我们就应该为自己创造惊喜，不是吗？"

小C很重视认真的生活，在我的细问之下，才发现她在生活中一直都是这样一个"精致"的人。每天下班回家的时候，她都会在地铁口的小花店里买上一束鲜花，价格不必多贵，品种不必多稀有，但是摆放在自己家餐桌的花瓶里，立刻就让人觉得生活充满了温馨和生机。

而每天上班之后、开启工作之前，她总会为自己沏上一杯咖啡犒劳自己。时间久了，咖啡的香气仿佛成了唤醒她工作的闹钟，只要喝上一口咖啡，她就能立刻打起精神来，快速地投入到工作中去。因为

"喝咖啡"这个仪式已经深深地刻印在她的脑海中了。

小C的话让我恍然大悟。偶尔我也会这样,比如结束了一个繁重的项目时,我会美美地泡一个澡,贴上一片面膜,享受一个美好的下午。而这样的下午总让我身心舒畅,所以我不自觉地将"泡澡""做面膜"和"读书"等活动跟结束繁重项目之后的放松时间联系起来。

这些都是在无意间安排和整理我们的生活。我常常想,如果我们都能做到这些,将生活像工作一样认真安排,是不是生活也会变得更加舒适?

接下来的几节会介绍几个让生活变得更加丰富的整理术,帮助你安排好自己的生活。

App方法1 将收纳整理在笔记中

在工作中,我们需要整理大量的资料和文档,保证自己可以在需要时不手忙脚乱。可在生活中,很少有人想过将收纳也整理在自己的笔记里。

可是,工作需要高效,生活一样需要有效率。相信每个人都遇到过想要找到什么用品,但就是想不起来它们放在哪里的时候,如果这种情况经常发生,你一定会很容易烦躁。

如果你是一个喜欢乱收纳,却经常忘记东西放在哪里的人,那么你应该建立几个生活的收纳笔记,帮助自己像整理工作信息一样整理生活。下面的几个小方法可以帮助你收纳物品。

(1)鞋子经常乱放找不到?将它们放到鞋盒后,在外面贴上标签,对鞋盒里的鞋子稍微描述一下,如"红色高跟鞋""××牌蓝色运动鞋"等,这样即便将鞋子乱放,也能快速找到自己想要的那双鞋，而且不必将每个盒子都翻开。

（2）票据总是找不到？除了将其放在自己的钱包票据夹之外，其实你可以专门购买一个放置票据的夹子，这样可以收纳更多的票据。钱包的票据夹只适合临时放置，谁也不愿意随时随身带着一沓发票出门。除此之外，很多小型笔记本的最后也会有放置票据的夹口，这些都可以利用起来。

（3）担心弄丢重要的票据？可以将这些票据拍照，或者转存一份电子版，然后将其插入自己的备忘录中。

下图是我在日本旅行时帮别人代购东西的票据，这样的票据最后还是要留档的，如果对方需要我就要发给他。

拍完照之后,我想要删掉这些照片,但还想存下信息,所以就将照片插入了备忘录里,如下图所示,这样就可以统一查看。

如下页图所示,在备忘录里还可以继续添加照片,我就将自己旅行时的购物票据和机票等全部拍照或转存电子档,留在了这个备忘录中。

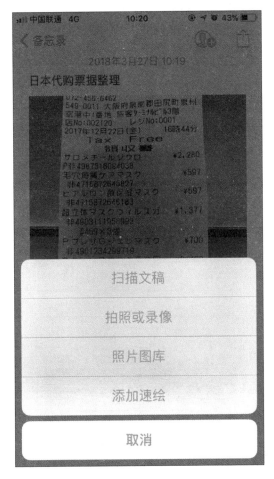

（4）经常忘记小物件放在哪里？很简单，给你习惯收纳特别多、特别零碎东西的地方拍个照片，然后整理在专门的电子笔记中就好。

比如，下页图中的这个抽屉就是我经常收纳零碎物品的地方，但常常忘记在这里找我需要的物品。将其拍照之后，我选择传送到自己的印象笔记里。我会在一篇收纳的印象笔记中整理很多这种图片，帮助自己随时回忆起什么东西放在什么地方，不用再一个个查找。

做到这些,你的生活也可以被安排得非常有条理。更重要的是,你

不必再耗费精力去记住这些东西放在哪，不用再担心这些东西会弄丢，因为你总能找到它们。

App方法2
购物清单、饮食记录可以这么整理

前段时间有一个姑娘问我："购物的时候总是丢三落四怎么办？"

说实话我很诧异，购物怎么还会丢三落四呢？我每次去购物中心或者超市，其实想买的东西都不太多，所以心里记得很清楚。

结果我一看姑娘发过来的购物清单简直被吓坏了，她真的不是一个代购吗？原来，这姑娘在免税店一次性就购买了将近一百样产品，仅仅口红就有二十几支。

她告诉我，这些都是帮朋友带的，还有自己的囤货。女生的购物能力实在是不能小觑，免税店几乎都被这些姑娘们买空了，这也导致大家在购物时出现了新的麻烦——"有的柜台断货了，所以这些东西没法买，但有的却可以买到。可数量太多了，我经常会记错，把能买到的记成了断货。"姑娘说。

还有的东西虽然列在单子后面，可能一开始就能看到，这样的货买了之后最好划掉。不过，在手机清单上太不容易操作了，但换成纸质清单又担心丢了或者不方便。

怎么办呢？我给她想了一个办法。很简单，就是利用备忘录或者清单类App。我的示例App是Pendo笔记，但在印象笔记或系统自带的备忘录里，它的功能也能体现出来，大家可以自行选择。

（1）首先，我会将需要购买的清单内容都列出来，如下页图所示。在Pendo笔记中,待办事项的模式可以在前面加一个选择框,这样完成后只要点击一下,选择框就会被打钩、内容也会被划掉,非常直观。

（2）保存之后，在主页就会看到购物清单及所含内容，如下图所示，非常清晰方便。

（3）购物时，如果我看到某样物品，将其放入购物篮后，就会将这一项前面的框打上钩，这样这一条就被划掉了，如下图所示。被划掉的栏会自动排列到后面，不必担心它夹在前面而导致遗漏了需要买的东西。

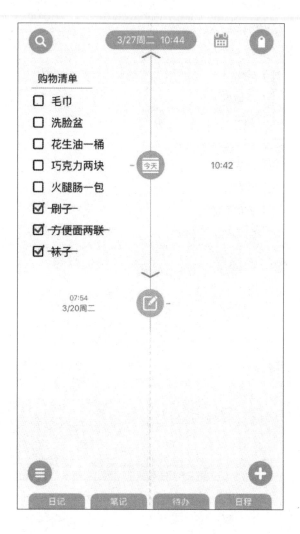

（4）如果购物清单内的东西全部买完了，它就会折叠起来，这样也不影响你看其他的记录，如下图所示。而且，这种方式将日程和购物清单结合在了一起，完全可以在Pendo的"购物"日程下面列清单，反正它总会按照时间线排布在你的日程安排时间轴上，这样更加方便直观。

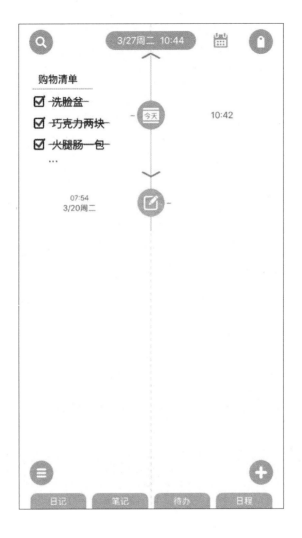

除了购物清单可以整理之外，还可以用备忘录或软件进行饮食记录。关心养生、健康饮食的人，或者要减肥的姑娘，经常很重视记录自己的每日饮食，可能还会计算一下卡路里。我认为这种方式很不错，但千万不要胡乱记录，最好将其整理在自己的笔记中。

比如，在印象笔记里可以专门建立一个饮食清单的整理项，然后将每日饮食都记在里面。同时，还可以将自己查找的卡路里资料、计算公式附加在下面，这样每天简单地算一算，明白自己这一天吃得到底健康与否，也是非常方便的。

我相信一个认真生活的人，一定会比别人更有热情地去面对自己的人生，所以，快点把这些整理记录方法学起来吧！

App方法3　　随手记录你的旅行

旅行时需要记录的东西总是很多。比如，在出发前你需要对自己的旅行有一个详细计划，知道哪一日应该去哪里、做什么活动，并根据线路来订票、安排宾馆。有时候，仅仅是安排宾馆和抢票，就能花费你一个月的时间，这绝对不是开玩笑的。

朋友告诉我，他觉得旅行之中，这段远长于旅行时间的准备过程是非常有意思的，也是旅途的重要组成部分。怀着对旅途的盼望和喜悦，亲手去安排即将到来的旅行，会感受到和旅行开始时差不多的快乐，而且这种快乐更加持久。

但对有的人来说，这段准备过程却令他们非常痛苦。因为要做的准备太多、信息量太大，仅仅是看游记、写旅行计划、订票，就足以让他们手忙脚乱,几乎耗费了所有的精力,更别说去旅行了。想到这一点,我也觉得非常可惜。

所以,对于旅行这种生活中难遇到的、有大量信息的活动,最好按照工作模式来建立一个专门的笔记,用于记录旅行事宜。大概有以下几个步骤。

(1)在旅行开始之前会有长期的准备工作,可以将查找的旅行游记收集、归纳在你的印象笔记中作为旅行资料,有时间的话统一阅读,找到你喜欢的、适合的旅行计划。

(2)整理自己的旅行计划时,最好按照时间线来,每天的行程、时间安排及交通工具全都列在一起,并且对当地的物价有大致的了解,列出一个旅行预算。记住,预算很重要,你的工作计划需要写预算,旅行也是如此。

(3)将你的准备计划表作为一个附件附在整个旅行记录文档中。比如下图的做法。

(4)预定的宾馆和机票可以在附件中作为附录,也可以将电子版

添加到你的旅行记录里面如何整理、按照什么习惯整理，可以自己选择。

（5）还可以添加一些自己喜欢的活动照片，临时性地记录你的旅行。旅行结束之后，要整理游记其实只要添加一些描述文字就可以了。我在下图中添加的就是潜水活动的照片，只要点击最右下角的"+"就可以了。

（6）已经添加好的照片如下页图所示。

（7）除此之外，还可以将提前查找的路线图也添加进去。比如，我在地图中查找了目的城市的大体路线，然后将其添加到我的旅行记录当中，这样就可以随时查看、规划信息了。

而且，将所有的旅行资料都放在一起，需要查找的时候也很容易，还不易出错。

喜欢写游记的读者完全可以参照这些方法，不必非要等回来之后再去处理那些复杂的票据和照片。可以从旅行的准备时间就开始整理你的游记,而这份游记既指导了你的旅行,也记录了你的旅途,还可以在以后指导别人,岂不是很方便、很高效?

运用好你的笔记,不论是工作还是生活,你都可以应对自如。